폭한을 물리치는 역학 호신술

자기방어술

◼ 自己防禦術 ◼

┌─ **부록**＝ 모든 인간에게 공통된 위크(Weak)포인트 ─┐
• 폭력을 이기는 비장의 방어술   • 여성이 꼭 익혀야 될 호신술
• 비명을 지르게 하는 급소 17   • 재난에서 몸을 보호하는 법

일신서적출판사

머리말

이 책에서 소개하는 자기 방어술(自己防禦術)은 유라시아에 옛적부터 전해지는 세계 최강의 격투기 삼보(Sambo)를 그 기본에 두고 있으며, 간단성(簡單性), 결정적인 기술의 확실성, 응용 범위가 넓은 점 등 그 효과의 엄청남에 있어 달리 유례를 찾아볼 수 없는 비장의 비술(祕術)이다.

그 결정적인 수도 믿을 수 없을 만큼 간단하고, 연습이라든지 훈련 같은 건 일체 필요없는 대수롭지 않은 역학(力學)의 응용 기술이며, 그야말로 여성이나 어린아이의 힘으로도 아무리 덩치 큰 사나이라도 비명을 지르게 할 수 있는 가공할 효력을 감추고 있다.

이 한 권의 책이 불의의 폭력, 불의의 사고 등 불안한 일상 생활 속에서 일단 유사시에 당신을 그 위난(危難)으로부터 반드시 지키는 강력한 무기로서 도움이 된다는 것은 틀림없지만, 그런 만큼 또 대단히 위험한 기술이기도 하기 때문에 그 이용법에 있어서는 특히 세심한 주의를 부탁하는 바이다.

도저히 피할 길이 없는 궁지에 몰렸을 때 같은 여간한 위기 이외는 이 기술의 사용을 절대로 금해야 한다.

◆ 자기 방어술 차례 ◆

1. 난폭한 폭력에 대한 비장의 수
《**기초편**》 신기할 정도로 간단한 결정적 수 62

팔꿈치 안쪽이면 간단히 구부러진다 ································ 10
팔 손목의 복사뼈는 인체에서 가장 센 뼈 ························ 12
팔 팔꿈치가 들리면 상체는 틈이 많다 ····························· 14
팔꿈치, 어깨 한번 기술이 먹혀들면 절대로 벗겨지지 않는다 ········ 16
팔꿈치 위크 포인트(급소, 약점)는 안쪽에 있다 ················· 20
가슴 공격할 수 없게 되는 붙들고 늘어지기 ····················· 22
손목 잡아당기기 기술에는 이렇게도 맥없다 ····················· 24
어깨 내민 팔이 알맞는 목표가 된다 ·································· 26
겨드랑이 겨드랑이 밑에 반대로 기어들라 ·························· 28
허리 반신이 되면 힘은 분산된다 ······································ 30
발 발로 차려는 다리의 유일한 약점은 발뒤축 ················· 32
머리 반 걸음 전진이 의외의 요령 ···································· 36
발뒤축 공격해 오는 발은 이것으로 간파할 수 있다 ········· 37
많은 사람 "겨냥하는 한 사람"을 어떻게 가려낼 것인가? ····· 40
많은 사람 벽을 등지고 섰을 때의 주의 사항 ···················· 42
팔 두 사람 사이로 파고드는 요령 ······································ 44
눈 옆 방향이면 눈으로 쫓을 수 없게 된다 ······················· 46
척추 아무도 가르치지 않았던 포인트 ································ 48
팔 팔꿈치의 바깥쪽을 공격당하면 끝장이다 ····················· 50
팔꿈치 무의식 중에 비명을 지르게 하는 관절잡기 ··········· 52
팔 여성이기 때문에 할 수 있는 필살기 ···························· 56

턱 어떤 사람에게도 있는 세 가지의 위크포인트 ·················· 58
목 경추는 어째서 사인이 된다고 하는가? ························ 60
무릎 지렛대의 원리를 응용하는 간단한 기술 ···················· 62
발뒤축 아킬레스건 이상으로 약한 곳 ······························ 64
팔 끌리게 되면 인간은 약하다 ·· 66
무릎 인대는 어떤 사람도 단련하지 못한다 ························ 68
턱 키가 큰 사람일수록 허리에 약점이 있다 ····················· 70
턱 얼굴을 돌려 놓으면 전의를 상실한다 ·························· 72
팔꿈치 양쪽의 팔꿈치를 펴면 힘은 배가 된다 ···················· 76
팔꿈치 완전히 펴진 팔은 놀랄만큼 허약하다 ····················· 78
손목 안쪽으로 구부리는 것만으로도 누구든 비명을 지른다 ······· 80
팔꿈치 상박은 잡혀도 두려울 것이 없다 ·························· 82
팔 체중을 얹으면 어떤 남자도 항복한다 ··························· 84
손가락 새끼손가락의 공격은 매우 효과적이다 ··················· 86
허리 몸은 나사처럼 돌린다 ·· 88
손가락 손가락 첫째 관절의 뜻밖의 힘 ······························ 90
손가락 엄지를 쥐는 것만의 치한 격퇴법 ··························· 92
팔 겨드랑이 밑에 팔을 끼면 된다 ···································· 94
발 어떤 상대도 반드시 횡전하는 발뒤축의 지렛목 ············ 96
어깨 여성의 힘으로 어깨 관절은 간단히 삐게 할 수 있다 ········· 98
가랑이 의외로 알지 못한 진짜 맹점 ································ 100
심리 싸우지 않고서도 몸을 지키는 비밀의 방법 ·············· 102
손목 권투 선수에게도 있는 주먹의 약점 ························ 104
주저앉다 유단자에게 풋나기가 이기는 이런 기술 ············ 106
발 검도에 소양이 있는 사람은 옆 공격에 약하다 ············ 108
옆으로 도망치다 칼을 든 상대로부터 몸을 지키는 결정적 기법 ······ 110
칼 이것만 알아 두면 목숨을 잃지 않는다 ······················ 112

칼   웃옷만으로도 훌륭한 무기가 된다 ……………………………… 114
머리   박치기는 손바닥을 가장 싫어한다 …………………………… 116
허리   몸집이 작은 사람이면 이런 조심을 소홀히 하지 마라 ………… 118
머리   박치기의 효력이 반감하는 비장의 수 …………………………… 120
팔   벗어나지 못했던 목조르기도 이것이면 벗어나게 된다 …………… 122
팔꿈치   앞에서라면 아무리 목을 졸려도 두렵지 않다 ……………… 124
손가락   조르려던 팔이 쉽게 풀린다 ……………………………… 126
손가락   어떤 조르기에도 대항할 수 있는 삼단 공격법 …………… 128
상체   머리털을 쥔 상대가 질겁을 하는 역이용법 …………………… 130
팔   팔꿈치를 이용하면 상대의 손은 쉽게 벗겨진다 ……………………… 132
주저앉다   뒤에서의 공격에는 이런 수가 듣는다 …………………… 134
머리털   여성이면 뛰어난 효과를 보는 결정적 수 ……………………… 136
심리   폭주족에게서 몸을 지키는 거북이 전술 ……………………… 138
손목, 얼굴, 팔   어떤 경우라도 차에서 떠나서는 안 된다 ……………… 140

2. 누구나 반드시 비명을 지르게 되는 열일곱 군데
《**실용편**》 난폭한 상대를 뜻대로 피하는 소양

눈, 코, 귀, 기타   몸에서 단련하지 못하는 네 곳 ……………………… 146
하반신   서는 법과 걸음걸이로 상대의 역량을 알 수 있다 …………… 148
시선   상대의 움직임은 이것으로 간단히 간파할 수 있다 ………………… 150
자호체   이 자세가 수비의 기본 ……………………………………… 152
주먹   맹렬한 펀치를 반감시키는 페인트 기술 ……………………… 154
기본   "배꼽을 본다" 이것이 낙법의 최대 요령 ……………………… 156
낫   자기의 손목 힘이 믿을 수 없을 만큼 배증된다 ………………… 158
복사뼈   자기 몸에 있는 이런 무기 ……………………………… 160
인대   종지뼈의 5센티 위에 있는 급소 ………………………………… 162

금지 기술   풋나기라도 프로급의 펀치를 낼 수 있다 ················ 164
무릎   누구나 다 걸려드는 진 척 하고 이기는 비법 ················ 166
자세   상대가 겁먹는 자세 취하기 ································ 168

3. 여성이 꼭 익혀야 할 방어술
《실용편》 여자 경찰관도 몹시 놀란 그 효과적 기술

팔   뒤에서 껴안았으면 이 역기(逆技)를 쓰면 된다 ················ 172
어깨   팔꿈치와 손목, 대개의 남자는 이것으로 손든다 ················ 174
팔꿈치   약간 누르는 것만으로 격통을 느끼게 하는 포인트 ··········· 176
손가락   새끼손가락 하나로 뒤는 뜻대로 할 수 있다 ················ 178
발등   신변의 이런 것이 굉장한 무기가 된다 ······················· 180
가랑이   남용은 금물, 최후의 기술을 쓰는 법 ······················ 182

4. 돌발사고나 재난도 이 방법만이 몸을 지킨다
《응용편》 살아남는 사람과 목숨을 잃는 사람의
차이는 이것이다

반신   앉는 법 하나로 구사 일생 한다 ··························· 186
아래턱을 내밀다   떨어지는 방법 하나로도 이렇게 위험해진다 ······ 188
반신   전철안에서 밸런스를 취하도록 능숙하게 서는 법 ············ 190
머리를 지키다   불의에 뒤로 쓰러져도 곧바로 일어서는
　　　　　　　놀라운 요령 ································ 192
반 걸음 전진   플랫폼에서의 돌발 사고를 막는 방법 ··············· 194
눈을 치뜸   평소에 가진 시선의 습관으로 이만큼 달라진다 ········· 196
스킵   북새통에서도 쑥쑥 걷는 뜻밖의 방법 ······················· 198
어깨   앞에서의 충격에 대처하자면 어깨의 사용법 밖에 없다 ········ 200

위를 봄 대지진이 와도 살아남는 3 원칙 ………………………… 202
허리 아무리 무거운 짐이라도 쉽게 들 수 있는 한걸음 전진법 …… 206

5. 갑절이 되는 결정적 수의 효과를 알아 두자
《포인트편》 일단 유사시의 절대적인 방법

아랫도리 남몰래 확실하게 몸을 단련한다 ……………………… 210
반사 방어술의 기본 "겨드랑이를 죈다" ………………………… 212
무릎 몸을 지키는 삼각형의 원칙 ………………………………… 214
반신 당장 익힐 수 있는 빈틈없는 일어서기와 자세 취하기 ……… 216
무릎 싸움을 잘하는 것같이 보이고 싶을 때는 이런 포즈를 취한다… 218
손가락 전철안에서도 근육은 단련할 수 있다 ……………………… 220
겨드랑이 여성이면 이 훈련만은 익혀두라 ………………………… 222
복근 하루 열 번으로 배가 줄어드는 새 방법 …………………… 224

《부록》 모든 인간에게 공통된 위크 포인트

〈부록 1 턱〉 거한은 이런 공격에는 누구나 약하다 ……………… 228
〈부록 2 팔꿈치〉 팔꿈치 관절은 바깥쪽으로 미는 것이 기본 ……… 230
〈부록 3 허리〉 신나게 수가 먹혀드는 허리 공격법 ………………… 232
〈부록 4 팔〉 완력이 있는 남자의 팔을 간단히 제압할 수 있다 …… 234
〈부록 5 무릎〉 무릎은 뒤에서의 공격으로 싱겁게 무너진다 ……… 236
〈부록 6 손가락〉 철저한 타격을 주는 것은 관절 중에서도
　　　　　　　　손가락의 관절이다 ……………………………… 238

각 항목에 있는 번호는, 예를 들어 「앞가슴을 잡히면」에 대해 기본기는 1, 응용편은 1 - ①이라는 식으로 나뉘어져 있다.

1. 난폭한 폭력에 대한 비장의 수

《기초편》 신기할 정도로 간단한 결정적 수 62

1 팔꿈치 ▶ 안쪽이면 간단히 구부러진다

당신도 한두 번은 번화가에서 깡패에게 시비를 당하고 있는 사람을 목격한 적이 있을 것이다.

구경꾼들은 보고도 못본 체 하고 상대는 놓아줄 것 같지 않다.

이렇게 되면 무조건 잘못했다고 사과하는 수밖에 도리가 없는 것일까?

당신도 언제 그런 입장이 될지 모른다. 그렇게 안 된다는 보장은 어디에도 없는 것이다.

더구나 상대는 자기보다 훨씬 덩치가 크다.

이런 위기에 처했을 때, 완력에 자신이 없는 사람이라도 상대를 꼼짝 못하게 하는 방법이 있다.

상대는「너, 한판 붙어보겠다는 거야?」하는 식으로 멱살을 잡으려고 할 것이다.

그런 때는 먼저「용서해 주십시오」하면서 두 손을 모아 깍지를 낀다.

그리고는「잘못했읍니다」하며 머리를 숙이면서 멱살을 쥐고 있는 상대의 팔꿈치를 향해 두 손을 힘껏 내려누른다.

그것만으로도 충분하다.

인간의 팔꿈치는 접히게 되어 있으니 아무리 덩치 큰 사람의 팔꿈치라도 힘없이 구부러지며 상체가 앞으로 기울어지게 된다.

그 안면에 당신이 굽힌 머리가 부딪는 것이니 그것은 상당한 타격을 주게 된다.

부딪친 데가 좋았다면(?) 상대는 코피를 홀리면서 그만 꽁무니를 빼고 도망칠 것이다.

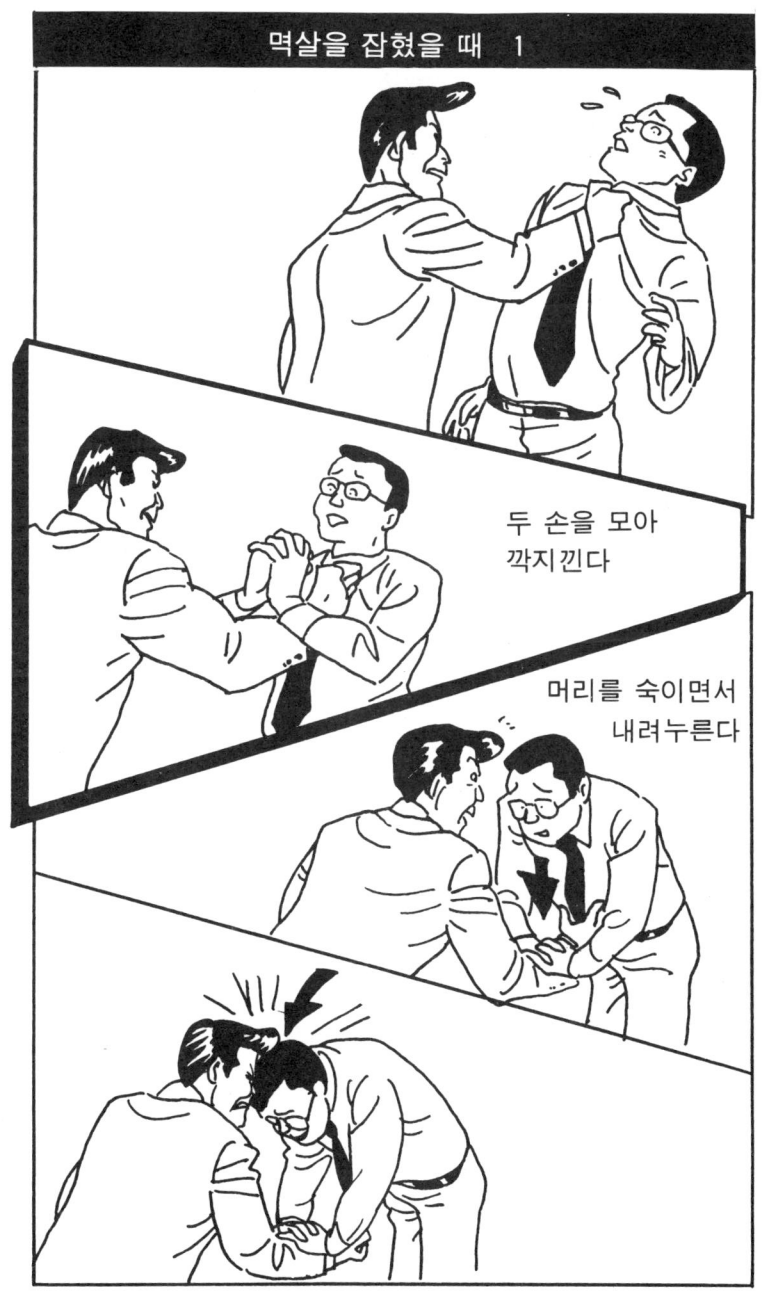

1-① 팔 ▶ 손목의 복사뼈는 인체에서 가장 센 뼈

술은 미치게 하는 물이라고 하는데, 실제로 술집 같은 데서는 술김에 벌어지게 되는 시비가 드물지 않다.

그런 시비에 되도록이면 말려들지 않기 위해서는, 우선 주점에 들어서면 재빨리 주점 안을 둘러보고 술버릇이 나쁠 듯한 사람, 분위기가 험악한 사람 옆에는 가까이 가지 않는다.

그리고는 슬쩍 그 주점 안의 분위기에 휩쓸리게 되면 트집을 잡힐 일도 없게 된다.

무술 영화 같은 것을 보면 무술의 달인은 초라한 차림으로, 보기에도 허약한 듯이 보이며 쓸데없는 시비를 극력 피하고 있는데, 그런 정신이 필요한 것이다.

그렇지만 운 사납게 성급한 사람과 맞닥뜨리게 되어 카운터 너머로 멱살을 잡힐 우려가 있는 것이다.

그런 때에는 당신이 태어나면서부터 지니고 있는 무기의 하나인 손목의 복사뼈를 이용하라고 권하고 싶다.

예컨대, 멱살을 잡히면 상대의 손목을 한 손으로 밀어서 상대의 팔을 카운터에 꽉 누른다. 그리고는 다른 한 손은 손목의 복사뼈 부분으로 상대방 팔의 부드러운 부분을 쓱싹쓱싹, 마치 톱질하는 요령으로 문지른다.

또는 상대의 팔꿈치 위로부터 손목을 내려누르고 접혀지는 부분에 압박을 가해도 된다.

이것은 상당한 타격을 주기 때문에 상대의 기를 꺾기에는 안성마춤이다.

멱살을 잡혔을 때 1-①

카운터 너머로 멱살을 잡혔으면

톱질을 하는 요령으로
쓱싹쓱싹

손목의
복사뼈를
이용하라

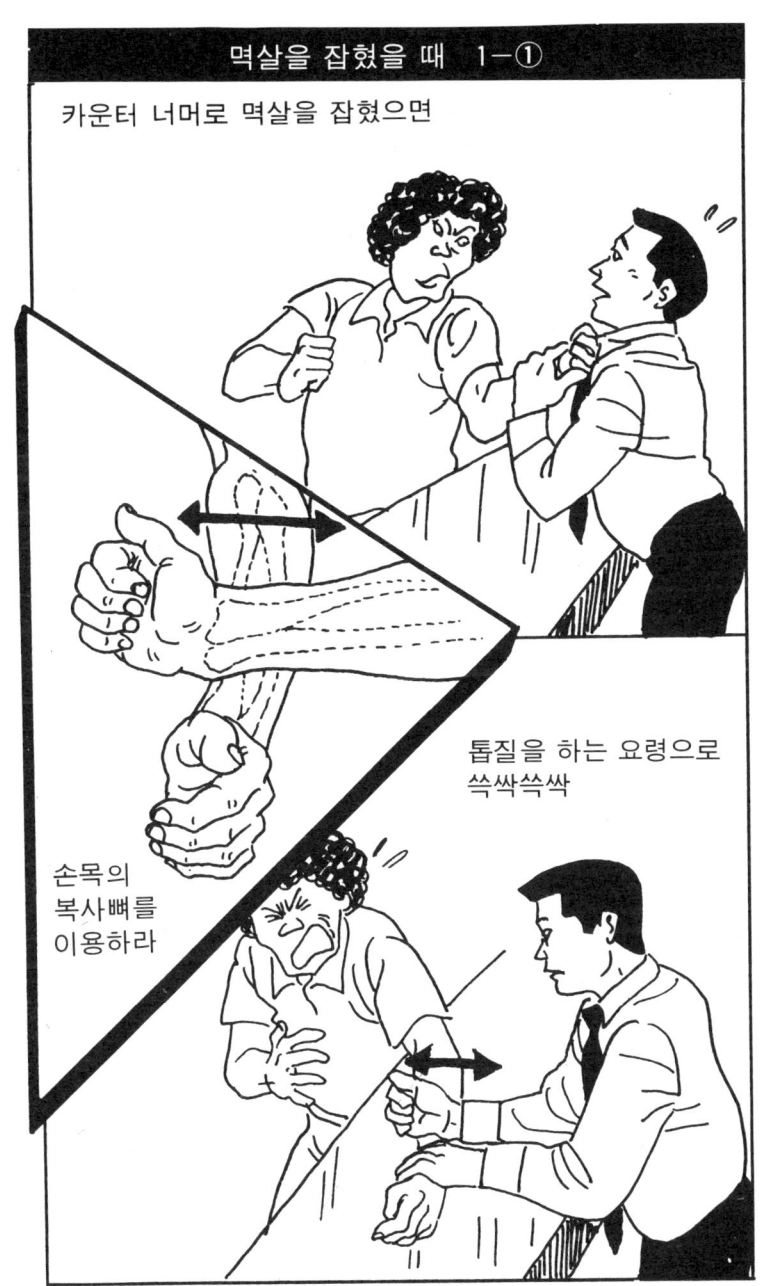

1-② 팔 ▶ 팔꿈치가 들리면 상체는 틈이 많다

멱살은 쥐기 쉽게 되어 있는 모양이다.

특히 와이샤쓰나 폴로샤쓰(스포츠용 샤쓰)를 입었을 때는 더욱 그렇다.

싸움이 벌어지는 것을 보고 있으면「뭐야, 이 자식」하며 멱살을 쥐고 상대를 노려볼 적이 많다. 마음이 약한 사람이면 그것만으로도 벌써 질리게 되고 상대는 그것으로 용서하게도 될 것이다.

하지만 상대가 만약 싸움을 좋아해 위압적으로 나온다면 어떻게 해야 하는가?

멱살을 쥐려고 달려드는 상대의 팔이란 것은 이쪽으로서는 오히려 절호의 공격 목표.

말할 것 없이 또다시 팔꿈치의 접어지는 부분을 겨냥하는 것인데, 가장 간단한 것은 두 손으로 상대의 팔꿈치 부분에 매달리는 것 같은 태세를 취할 것.

「죄송합니다」하며 머리를 숙이면서 이렇게 하게 되면 기본기 이상으로 큰 위력을 발휘하는 박치기 펀치를 상대의 얼굴에 먹일 수 있다.

또는, 만약에 상대가 이제부터 멱살을 쥐려고 달려들 경우라면「이러지 마시오」하면서 확 내미는 상대방 팔의 손목을 먼저 밀쳐내리고 이어서 다른 한쪽의 손으로 상대의 팔꿈치 부분을 튀기고 난 뒤 관절을 꺾어 버리는 방법도 있다.

이것도 한번 요령을 터득하게 되면 초심자라도 거뜬히 이용할 수 있는 자기 방어술이다.

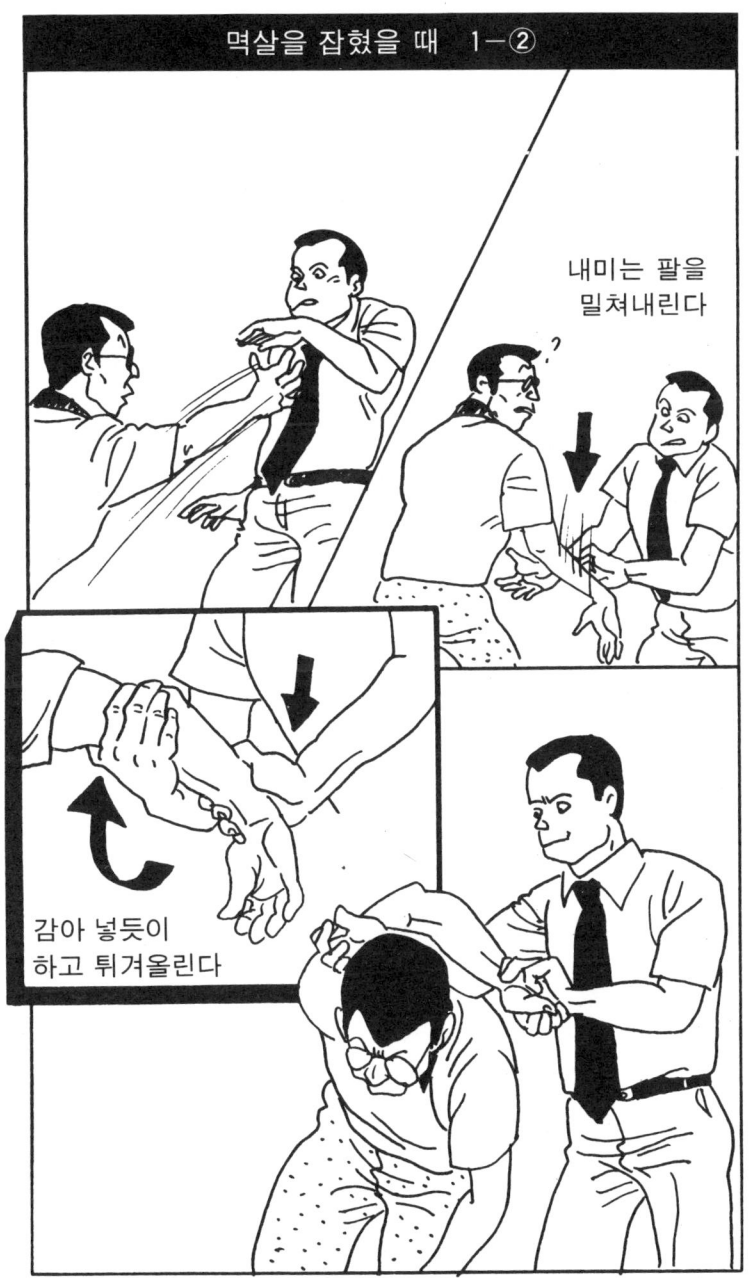

1-③ 팔꿈치, 어깨 ▶ 한번 기술이 먹혀들면 절대로 벗겨지지 않는다

멱살을 쥐려고 달려드는 상대방 팔을 보면 상대의 역량을 이내 간파하게 된다.

쥐려고 달려든 상대방 팔의 팔꿈치가 쭉 뻗었으면 대단치가 않다. 풋나기이다.

앞에서 설명한 격퇴법으로 충분하다. 그렇지만 상대의 팔꿈치가 굽었고 게다가 겨드랑이가 꼭 조여 있는 것 같으면 주의를 요한다. 수가 상당하다고 보지 않으면 안 된다.

잘 쓰이는 팔(오른팔)을 살리기 위해 멱살을 쥐는 것은 왼팔인 경우가 많다.

싸움에 익숙한 상대에게 어떻게 대처하느냐 하면 「왜 이래요, 싸움은 맙시다」고 하면서 한 걸음 물러선다.

그리고는 상대가 왼팔로 잡으려고 들면 왼손을 손목에, 오른손은 팔꿈치 바깥쪽 부분에 각각 당신의 두 손바닥으로 가볍게 댄다. 이어 왼손을 자기 쪽으로 끌어당긴다. 상대는 등을 돌린 상태가 될 것이다. 그리고는 그대로 앞쪽으로 쓰러지는 것만으로 OK. 상대의 팔은 이미 완전히 제압되어 있기 때문에 어떻게 해도 꼼짝 못하게 되며 뿌리칠 수도 없다.

이 기술은 상대의 손목과 팔꿈치를 잡는 것이 아니라 다만 손바닥을 대고 있기만 하는 것이 포인트이다.

싸움꾼이 아닌 사람의 눈에는 손바닥을 대고 있는 것 보다 꽉 쥐고 있는 쪽이 훨씬 강력한 것같이 생각될지도 모르지만 사실은 그 반대이다. 상대방 입장에서도 잡힌 부분을 뿌리치는 것은 간단하지만 대기만 한 손바닥에서 벗어나는 것은 좀처럼 쉽지가 않다.

 이렇게 말하는 필자가 삼보(소련에서 생겨난 레슬링과 유도를 혼합한 것 같은 격투기)에서 국제 시합 43전 무패라는 좋은 성적을 남긴 하나의 비밀로서 그 손바닥의 이용이 있었다.

 그것과 또 하나, 팔꿈치를 비롯한 관절은 어느 한 방향으로는 자유자재로 굽어도 그 반대 방향으로는 절대로 구부러지지 않는다는, 지극히 당연한 사실을 이용했다는 것이다.

 그것이야말로 상대의 관절을 제압하고 공격에서 벗어나는 원리의 전부인 것이다.

 또 하나, 상대를 할 수 있는 경우의 기술이 있다.

 누구나 알고 있는 수영의 크롤의 팔 동작을 이용한 것.

 이것은 여러 가지로 응용할 수도 있으니 익혀주기 바란다.

 예를 들면, 멱살을 잡혔을 때 벗어나려고 하면서 몸을 옆으로 기울이며 상대의 팔꿈치를 뻗치게 한다. 그리고는 상대의 왼팔을 오른팔로 감아 넣듯이 하고 크롤의 팔을 한다. 이것을 두 번 반복하면 상대는 재주넘기(공중제비)를 하며 넘어질 것이다.

 유도를 익힌 적이 없어도 자연히 메치기 기술이 먹혀든다. 또는, 한 번 크롤하고 그 손바닥으로 상대의 얼굴을 외면하게 하여 그대로 한 걸음 내딛고 육상 경기의 장해물 경주를 하는 것 같은 다리 모양으로 주저앉는 것만으로도 상대에게 주는 타격은 크다.

 멱살을 잡으려고 달려드는 상대면 무슨 까닭인지 잡고 있는 것에만 기를 쓰고 당신이 기술을 걸어도 좀처럼 놓으려고는 하지 않는 법이다. 그 결과 관절은 보다 효과적으로 제압되는 것인데, 그런 의미에서 이 기술은 일단 잡은 것은 놓으려고 하지 않는 인간 심리를 역이용한 자기 방어술이라고 할 수 있을 것이다. 이 기술이면 아무리 덩치 큰 사람이라도 항복하게 된다.

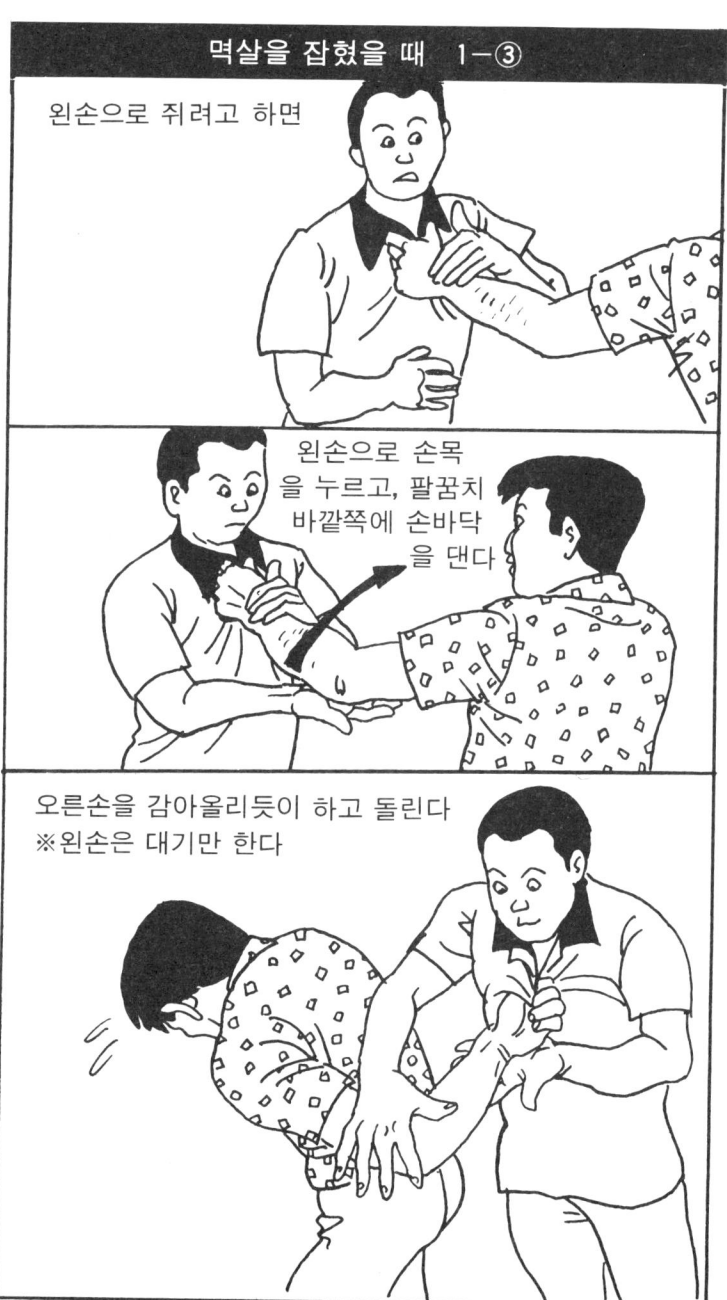

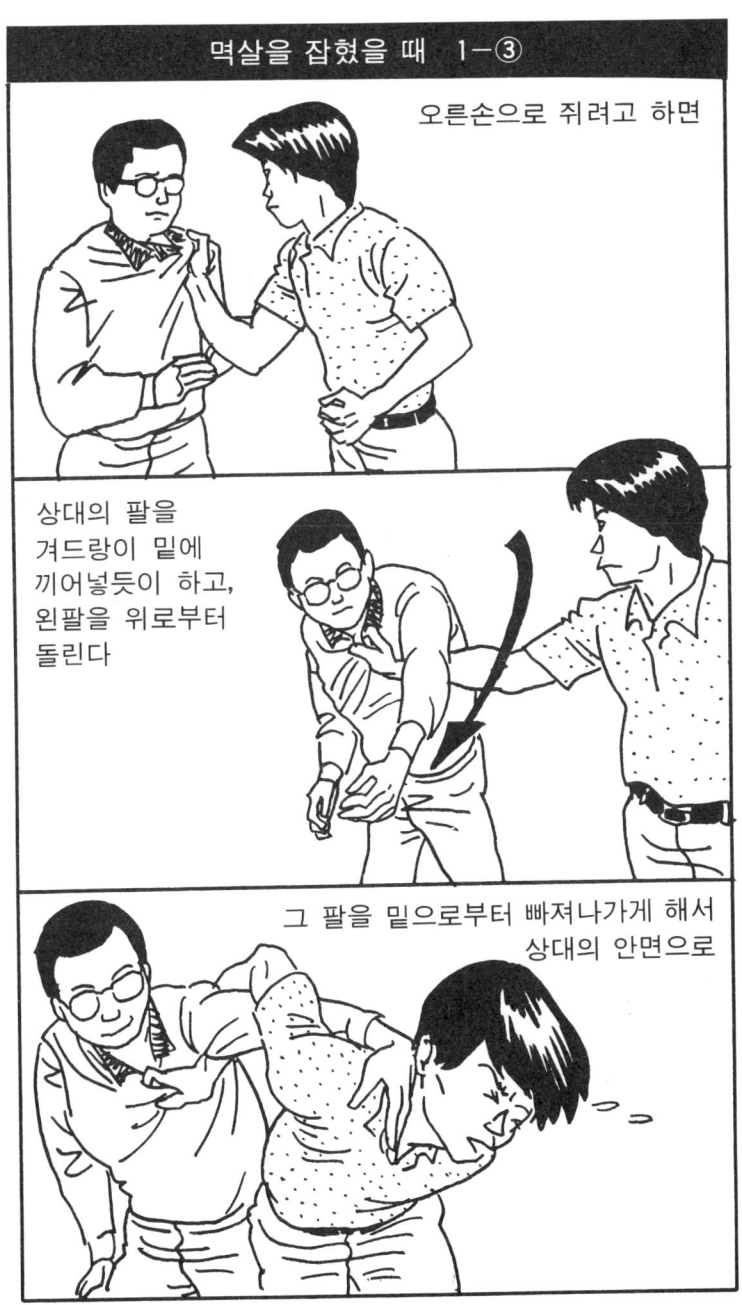

1-④ 팔꿈치 ▶ 위크 포인트(급소, 약점)는 안쪽에 있다

팔꿈치를 뜻하지 않은 일로 책상 모서리 등에 부딪치고 팔이 저렸던 경험은 누구나 겪어 보았을 것이다.

그 저림이 오는 부분, 즉 팔꿈치의 위크포인트는 팔꿈치의 조금 안쪽에 있다.

적의 그 부분을 겨냥하고 손목의 엄지쪽 복사뼈를 세게 부딪치는 것만으로도 된다. 감전된 것 같은 충격이 와서 저도 모르게 멱살을 놓게 될 것이다.

그렇게 되면 생긋 웃으며 「싸움은 맙시다」하면 만사 OK.

단, 그 정도로 상대가 기 죽지 않고 더욱더 흥분해서 또다시 두 팔로 멱살을 쥐려고 달려들지도 모른다.

그럴 경우에는 두 손바닥을 상대의 팔꿈치 부분에 대고 힘껏 안쪽으로 바짝 댄다.

상대는 자기 팔꿈치의 돌출 부분이 부딪치는 아픔 때문에 항복할 것이다.

만약 힘이 센 사람이면 한 팔로 상대의 두 팔꿈치를 끌어안는 것만으로도 똑같은 타격을 줄 수 있다.

또 하나, 멱살을 쥔 상대의 한 팔을 위로부터 손으로 밀쳐내리고 다른 한쪽 팔의 팔꿈치를 털어올리며 다음에 슬쩍 허리를 넣고서 냅다 던지는 방법도 있다.

이것은 요령만 터득하면 누구나 할 수 있는 메치기 기술이다.

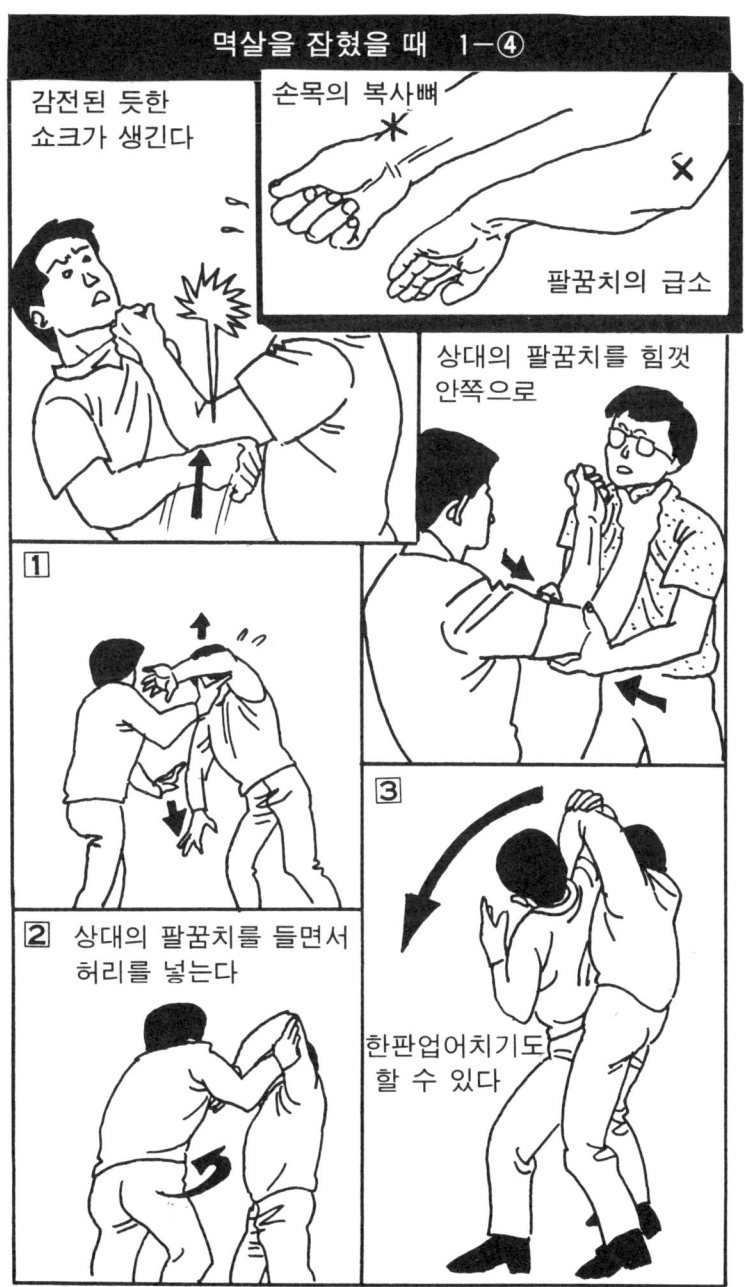

2 가슴 ▶ 공격할 수 없게 되는 붙들고 늘어지기

때리려고 드는 상대를 되받아 치겠다는 식으로 생각하면 몸을 지킬 수가 없다.

왜냐하면, 특별히 권투를 배운 것도 아닌 바에는 상대를 되받아 친다는 것은 꿈 같은 일이기 때문이다.

안면을 타격하는 건 의외로 어려운 것이다.

그럼 어떻게 하면 되는가? 상대의 몸을 필사적으로 붙들고 늘어지는 것이 제일이다.

권투 시합을 구경한 적이 있는 사람이면 당연히 알고 있는 일이지만, 클린치의 태세를 취한 복서(권투 선수)에 대해서는 프로 복서라고 해도 좀처럼 펀치를 내밀지 못하는 법이다. 더구나 상대가 풋나기라면 클린치 모양으로 달려들어 끌어안은 당신에게 그 이상 때리려고 들지도 못할 것이다.

다만 조심해야 하는 것은 머리를 너무 숙이지 않는 일이다.

머리를 너무 숙이면 목과 어깨를 쳐서 넘어뜨릴 수 있기 때문이다.

중요한 점은 상대의 가슴에 자기 귀를 꼭 붙이듯이 달려들어 안는 일이다. 그리고는 다리를 전후로 벌리고 반신(半身)의 태세를 취하게 되면 만전을 기할 것이나 마찬가지이다.

상대는 때릴 수 없을 뿐만 아니라 당신의 몸을 주체 못해서 우왕 좌왕하는 수밖에 없다.

대개의 경우 이럭저럭하는 동안에 누군가 중재를 해 주거나 경찰관이 와 주게 될 것이다.

쓸데없는 에너지를 소모하지 않고 자기의 몸을 지킬 수 있게 되는 것이다.

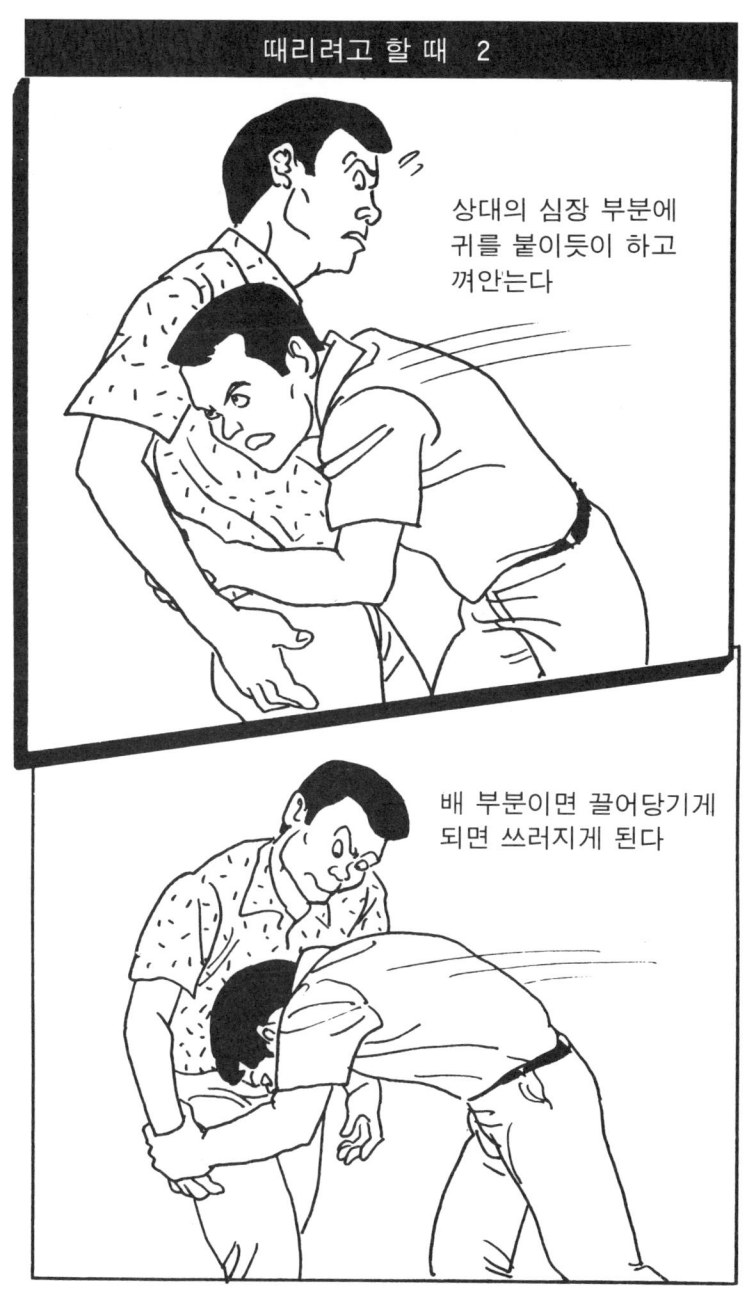

2-① 손목 ▶ 잡아당기기 기술에는 이렇게도 맥없다

버스를 타고 있을 때 급 브레이크가 걸려 옆 사람의 발을 밟은 적도 있다.

물론 당신은「정말 죄송합니다. 괜찮습니까?」하며 그 사람에게 사죄해서 무마가 되지만, 개중에는 성급한 사람도 있어 다짜고짜로 때리려고 할지도 모른다. 게다가 당신의 한 손에는 물건이 든 종이 봉지가…….

이제는 주먹질을 당할 수밖에 없다고 생각하는 사람도 많겠지만 그래도 방어법은 충분히 있다고 봐야 한다.

상대의 펀치를 반쯤 몸을 낮추어 피하고, 상대가 오른손으로 때리려고 달려들면 자기도 오른손으로, 왼손이면 자기도 왼손으로 상대의 손목을 쥐고 잡아당긴다.

그리고는 재빨리 손에 든 것을 내려놓고 또 한쪽의 손으로 상대방 팔꿈치의 접히는 부분을 끌어당긴다.

그러면 상대의 몸이 자기 옆으로 오게 되니 상대의 발뒤축에 자기의 발을 걸치고 뒤로 넘어뜨리면 된다.

단, 그럴 때 상대가 어딘가에 머리를 세게 부딪치게 되면 과잉 방어가 될지도 모른다.

「용서해 주십시오」하고 되풀이하며 상대방 마음이 진정되는 것을 기다리는 편이 현명하다.

아무리 갑자기 때리려고 달려드는 난폭자에 대해서도 필요 이상으로 피해가 가지 않도록 위로를 잊지 않기 바란다.

2-② 어깨 ▶ 내민 팔이 알맞는 목표가 된다

복서의 펀치와 복서가 아닌 사람의 펀치를 보라.
치는 방식의 어디에 큰 차이가 있는지 알고 있는가?
복서의 경우에는 한방 펀치를 먹인 뒤 그 손이 바로 제 위치에 돌아간다면, 복서 아닌 사람의 펀치일 경우는 때리고 나면 그 상태로 그냥 있게 된다. 바꾸어 말하자면, 손을 제 자리로 돌리는 속도가 아주 느린 것이다.

따라서 때리려고 하는 상대에 대해서는 그 점을 제대로 이용하는 것이 최대의 방어법이 된다.

예를 들면, 길거리를 가다가 갑자기 주먹질을 당하게 되었을 경우 불의의 일격을 당하는 것만은 체념하지 않을 수 없다.

문제는 그 다음의 대처법으로 그 펀치를 날린 상대의 팔이 돌아가는 것이 느리다면 두 번째로 가격하기까지는 당신의 몸을 반신 자세로 취할 시간적 여유도 있을 것이다.

그리고는 자세를 취했을 때 두 번째 펀치가 오게 되면 이 때가 찬스이다.

왼손으로 때리려고 한다면 상대의 손목을 살짝 누르고 오른팔로 그 팔을 감아 넣는다. 그리고는 상대의 어깨 관절에 전체의 무게를 걸치고, 크롤한 팔을 뻗어서 상대의 얼굴을 손등으로 밖으로 밀어붙이면서 그대로 허들을 뛰어 넘는 요령으로 다리를 벌리고 쓰러진다.

상대는 비명을 지르고 항복할 것이 확실하다.

오른손으로 때리려고 한다면 손목은 오른손으로 누르고 왼손으로 그 팔을 감아 넣는다.

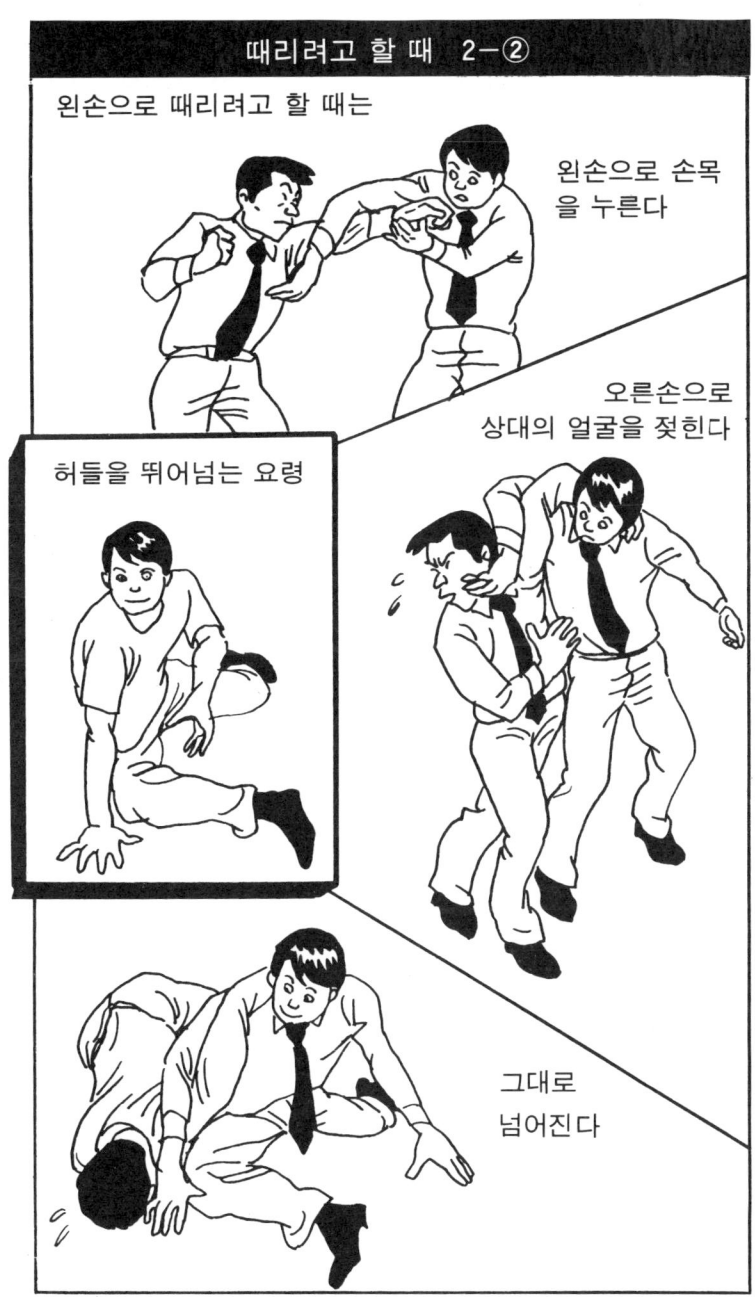

2-③ 겨드랑이 ▶ 겨드랑이 밑에 반대로 기어들라

때리려고 할 때에는 권투의 클린치 요령으로 상대의 몸을 껴안는 것이 제일이라고 했지만, 만약에 당신이 반대로 때리는 쪽의 입장이 되어 그렇게 된다면 어떻게 할 것인가?

잠시 생각해 보기 바란다.

그렇다. 팔꿈치치기를 껴안고 있는 녀석의 등에라도 먹여 주면 되지 않느냐고 깨달았으면 정답이다.

아마도 껴안긴 상대가 싸움에 익숙하다면 똑같은 생각을 했을 것이다.

그렇지만, 필자 나름의 자기 방어술로 말하자면 그 팔꿈치치기야말로 바라는 바요 불에 뛰어드는 여름 벌레이다.

왜냐하면, 팔꿈치치기로 나오려는 상대는 그 때에 반드시 겨드랑이가 열린다. 그 순간에 쏙 머리를 들어올리면서 껴안고 있는 두 팔을 조른다.

그러면 얼굴과 머리의 옆 부분으로 완전히 상대의 어깨 놀림을 봉쇄할 수 있다.

상대는 나머지 한쪽 손을 헛되이 허우적거릴 뿐 그 이상 어떻게 할 도리가 없다.

그 뒤 조심할 것은 다리 공격 뿐으로, 마지막 수단으로서 상대는 무릎으로 급소를 겨눌지도 모른다.

그렇게까지 끈질긴 상대일 경우에는 상대의 축(軸; 중심)이 되어 있는 쪽의 다리에 발뒤축을 넣고서 후려 주면 된다.

상대는 벌렁 엉덩방아를 찧고 꼬리뼈(尾骨)를 세게 부딪칠 것이다.

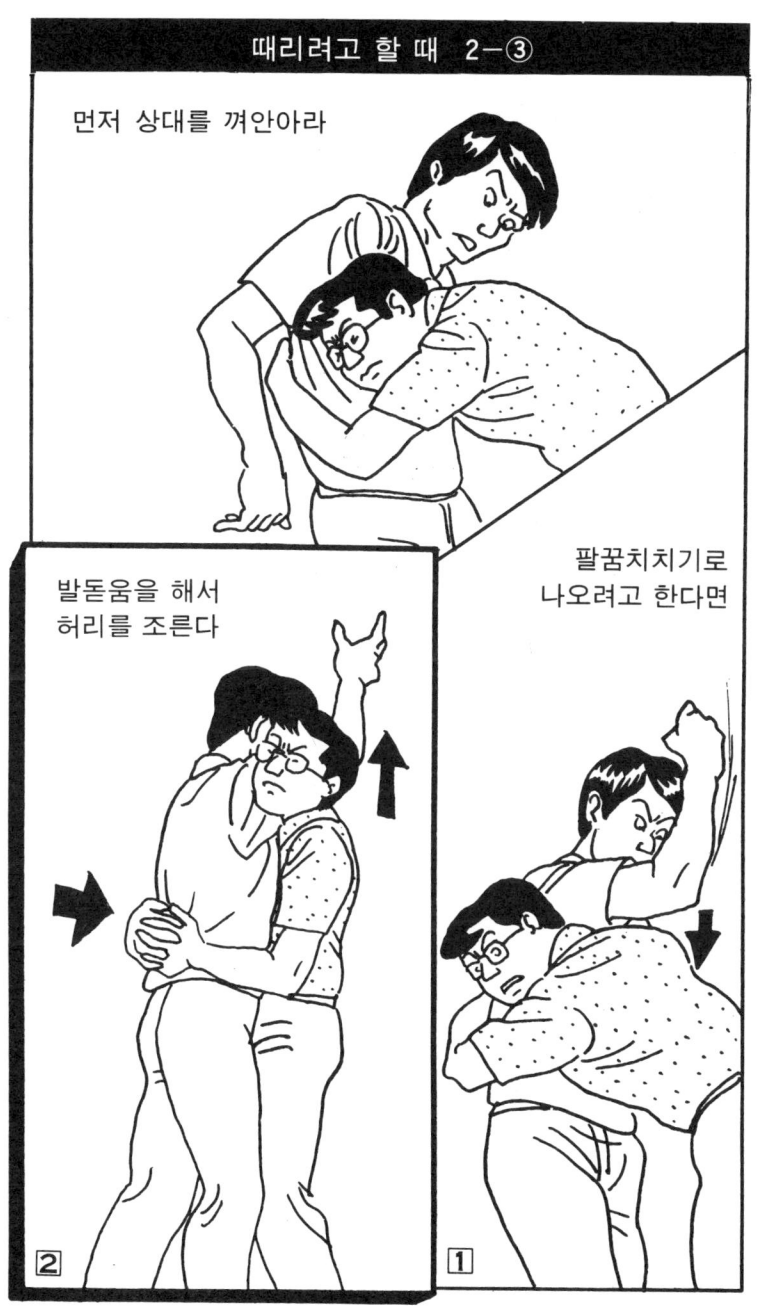

3 허리 ▶ 반신(半身)이 되면 힘은 분산된다

얻어맞는 것도 두렵지만 걷어차이는 건 더 두렵다.
그것은 다리 쪽이 남성의 급소를 겨누기 쉽기 때문이다.
만일에 상대의 걷어차기가 당신의 급소에 먹여지면 더이상 몸을 꼼짝도 못하게 되고 상대가 하는 대로 되고 만다.
따라서, 차기를 하려고 하는 상대에 대해서는 소중한 급소를 지키기 위해 반드시 반신의 자세를 취한다는 것을 잊지 않기 바란다.
만약에 자기 앞에 있는 상대의 발이 나왔다고 한다면 순간적으로 야구의 배팅 요령으로 허리를 돌리는 것이 선결이다.
당수를 하는 사람이면 몰라도 그렇지 않은 사람의 차기라면 당신의 허리 위치 정도로 발이 오르는 게 고작이다.
따라서, 허리를 돌렸을 경우 상대가 차게 되는 곳은 요골(腰骨)이나 대퇴(大腿), 엉덩이 같은 피해가 적은 곳에 한정된다.
차는 것에 익숙치 않은 보통 사람은 두세 번 발길질을 하게 되면 확실히 밸런스를 잃는다.
그렇게 되면 반격의 찬스가 오게 되고, 당신은 대담하게 상대의 하반신에 매달리기만 하면 된다.
제대로 상대의 허리에 어깨를 넣고 껴안을 수 있게 되면 허리를 꺾고서 항복시킬 수도 있고, 대퇴에서 무릎 부위에 두 손이 들어가면 태클하는 식으로 상대를 넘어뜨릴 수도 있다.

3-① 발 ▶ 발로 차려는 다리의 유일한 약점은 발뒤축

자기의 몸을 지키기 위해 가장 중요한 것은, 어쨌든 냉정히 하고 몸의 힘을 빼는 일일 것이다.

그렇지만 말하기는 쉽고 행하기는 어렵다는 비유대로, 어쩌다 무서운 깡패에게 시비를 당하게 되었을 경우에는 깜짝 놀라서 숨을 삼키고 몸이 움츠러들며 굳어질 적이 많다.

그런 상태에서는 모처럼 필자가 가르친 자기 방어술의 효과도 반감하게 되는 것이니 무엇보다도 먼저 냉정함을 되찾지 않으면 안 된다.

그러기 위해서는 크게 숨을 한번 토해내면 된다.

그것만으로도 몸의 불필요한 힘이 빠지고 상대가 하려는 것이 잘 보이게 된다.

그리고는, 가령 상대가 발로 차려고 했을 경우는 남은 쪽의 축이 되는 다리에 태클을 할 수도 있게 된다.

인간이란 것은 어디까지나 두 발이 지면에 닿고 있어야만 안정하게 된다. 외다리이면 홈런을 치기에는 도움이 되어도 형세로서는 불안정하니 그것에 태클을 하게 되면 쉽게 뒤집을 수 있다.

또는 역으로 발로 차려고 하는 쪽의 다리를 겨누는 수도 있다.

즉, 걷어차려고 올린 다리를 쏙 건져내어 그대로 힘껏 들어올려 버리는 식의 방법인데, 이것이면 상대는 멋지게 넘어지고 만다.

발길질을 하려고 하는 상대에게는 많은 약점이 있다는 것을 알게 되었을 것이다.

물론 개중에는 제법 발길질에 능숙한 자가 있어서 한두 번은 발길질을 당하게 되는 적도 있을지 모른다. 하지만, 그런 정도로는 기 죽지 말라. 찬스는 꼭 있게 마련이다.

 보통 사람의 발길질이란 것은 때리는 것 이상으로 원위치로 돌아가는 속도가 느린 법.

 그렇다면, 차기를 한 뒤 되돌아갈 때 다리를 잡는 것도 쉬울 터. 두 손을 자기 앞에서 흔들거리면서 그물을 치고 있으면 어김없이 적의 다리는 그 그물에 걸리게 된다.

 걸려든 뒤 적은 자기의 다리를 되끌어오려고 할 것이니 자연히 발뒤축인 곳을 차는 형세가 된다.

 그럴 때도 상대의 발뒤축은 쥐지 않고 손바닥으로 벗어나지 않도록 눌러두는 것이 요령이다.

 이렇게 되면 이제 무엇을 해도 자유 자재.

 예를 들면, 상대의 무릎 같은 곳에 팔꿈치치기라도 먹이게 되면 상대는 꽥 비명을 지르게 되어 있다.

 단, 이 기술은 상당히 강렬한 것이라 힘껏 하게 되면 인대가 끊기게 될 염려도 있으니 주의해야 한다.

 또는, 마찬가지로 발뒤축을 누른 상태에서 무릎을 뒤나 옆으로 살짝 밀치는 것만으로 상대를 쓰러뜨릴 수도 있다.

 그리고서, 이것은 이제 완전히 삼보의 기술이 되고 마는 것이지만, 상대의 발목을 끌어당겨 자기의 겨드랑이 밑에 넣을 수 있으며 나머지는 뒤로 넘어지는 것만으로도 상대의 아킬레스건은 딱 끊기고 만다.

 필자 자신도 팔레비 국왕이 관람하고 있는 면전에서 이 기술을 써서 이란 선수의 아킬레스건을 끊은 적이 있지만, 자기 방어술에서는 거기까지 간다는 것은 지나친 일이다.

 적당히 해 두자.

발로 찼을 때 3-①

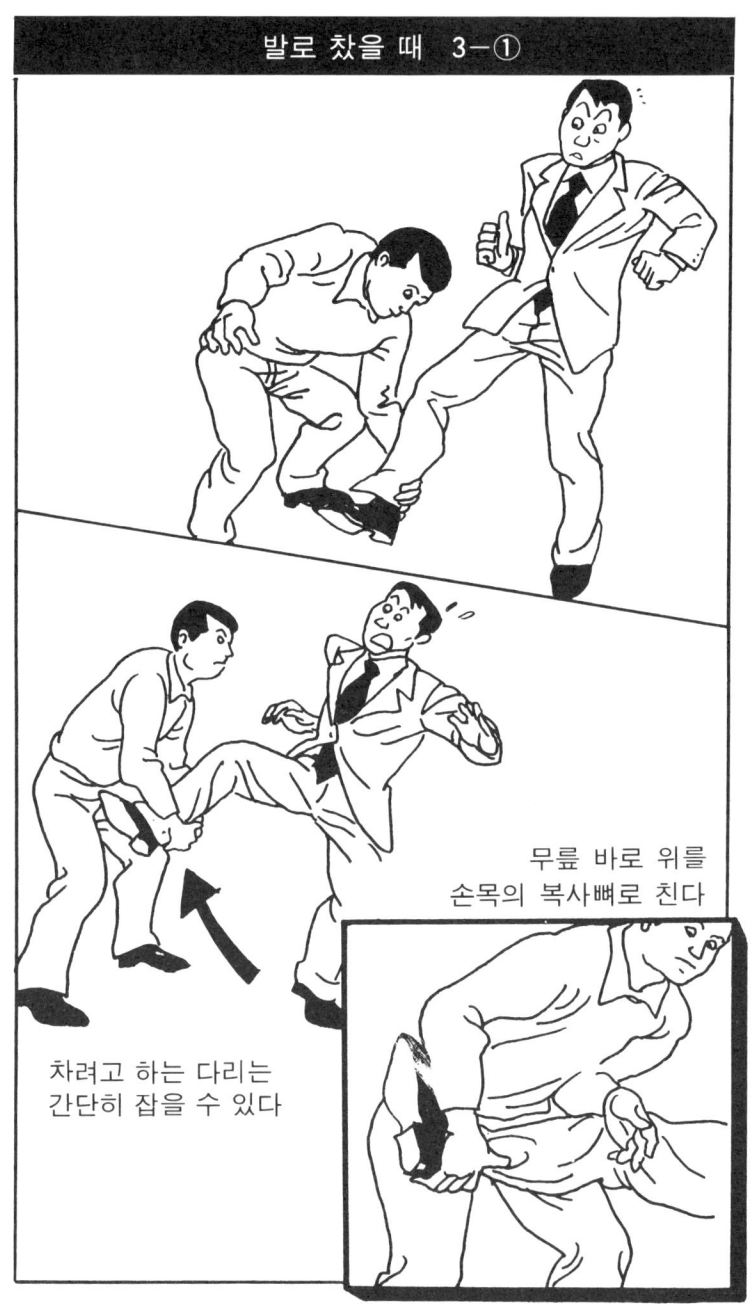

무릎 바로 위를
손목의 복사뼈로 친다

차려고 하는 다리는
간단히 잡을 수 있다

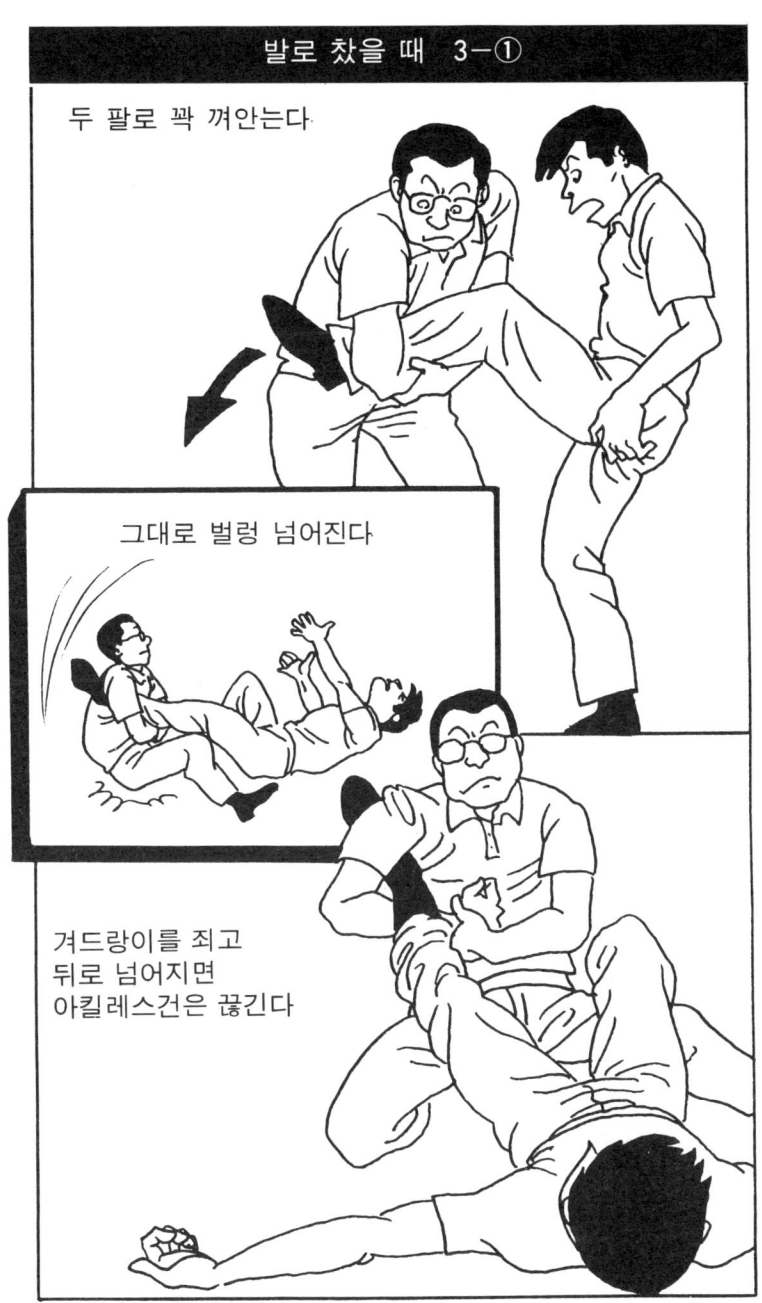

3-② 머리 ▶ 반 걸음 전진이 의외의 요령

"약한 개일수록 잘 짖는다" "비겁한 녀석일수록 남의 뒤에 붙으려고 한다"는 말은 흔히 듣는 말이지만, 예를 들어 마주 지나가다 사소한 시비가 벌어지고 일단은 화해를 한 척한 상대가 틈을 노리고 느닷없이 내차는 식의 위험성도 있을 것이다.

그런 비겁자는 싸움도 약할 것이 뻔하며, 대개는 그 뒤에서의 발길질 한 번으로 몸을 홱 돌려서 도망칠 적이 많다.

말하자면, 일종의 괴한적인 범행으로 그 내차기의 효력이 적으면 문제는 없다.

하지만 그 내차기의 충격으로 저도 모르게 앞으로 푹 고꾸라져 지면에 손을 짚고 팔꿈치나 손목을 부러뜨리기라도 하거나 얼굴이나 머리에 타박상을 입게 된다면 큰일이다.

따라서 그런 경우를 당하지 않기 위해서는, 만일에 뒤로부터 걷어차였을 때에 대비해서도 낙법을 알아둘 필요가 있다.

만약에 유도의 앞 낙법을 할 수 있다면 그만이겠지만 이 낙법을 모르더라도 어쨌든 한 발을 반 걸음이나 한 걸음 앞으로 내기만 하면 어떻게 된다.

다음은 내딛지 않고 남아 있는 발의 발끝 쪽으로 얼굴을 돌리기만 하면 된다.

이런 자세를 취하기만 하면 설령 내찬 것이 세서 앞으로 넘어져도 어깨로부터 둥글이며 떨어지는 형세가 되어 소중한 머리나 얼굴에 충격을 받지 않을 수도 있다.

3-③ 발뒤축 ▶ 공격해 오는 발은 이것으로 간파할 수 있다

 두세 번째의 발차기를 제대로 잡을 수 있으면 다행이지만, 첫 번째 발에 맞아 충격이 의외로 커서 웅크리게 되는 일도 있을 수 있다.
 그렇게 되면 상대는 사정없이 마구 차려고 할 것이다.
 그런 최악의 상태도 생각해 놓지 않으면 안 된다.
 잊으면 안 되는 것은, 손바닥이나 팔로 얼굴과 배를 커버하는 일이다.
 얼굴이나 배를 커버해 놓으면 다른 부분을 가격당해도 결정적인 충격은 입지 않는다.
 그렇게 하면서 중요한 곳을 커버하며 상대의 발 놀림을 잘 살피자. 차려고 하는 발은 끌어당기는 법이며 앞에 있는 발은 차는 발을 받치는 기능을 하게 된다.
 이것을 염두에 두고 틈을 보아 앞으로 낸 발의 발뒤축 뒤로 자기의 손바닥을 대고 그 발의 무릎 부위를 어깨로 누른다.
 상대는 뒤로 공중제비를 하고 넘어질 것이다.
 넘어지면, 상대의 발목을 쥔 채 자기의 몸을 반회전시키면 상대의 무릎 관절을 빈틈없이 제압할 수 있다.
 또, 앞으로 나온 쪽의 발을 안쪽으로부터 껴안을 수 있으면 뒤로 체중을 얹히듯이 하고 위를 향한 채가 된다.
 상대는 당신의 어깨로 무릎 부위를 지렛대의 지렛목으로 삼고 있기 때문에 뒤로 뒤집히게 되는 것이다.

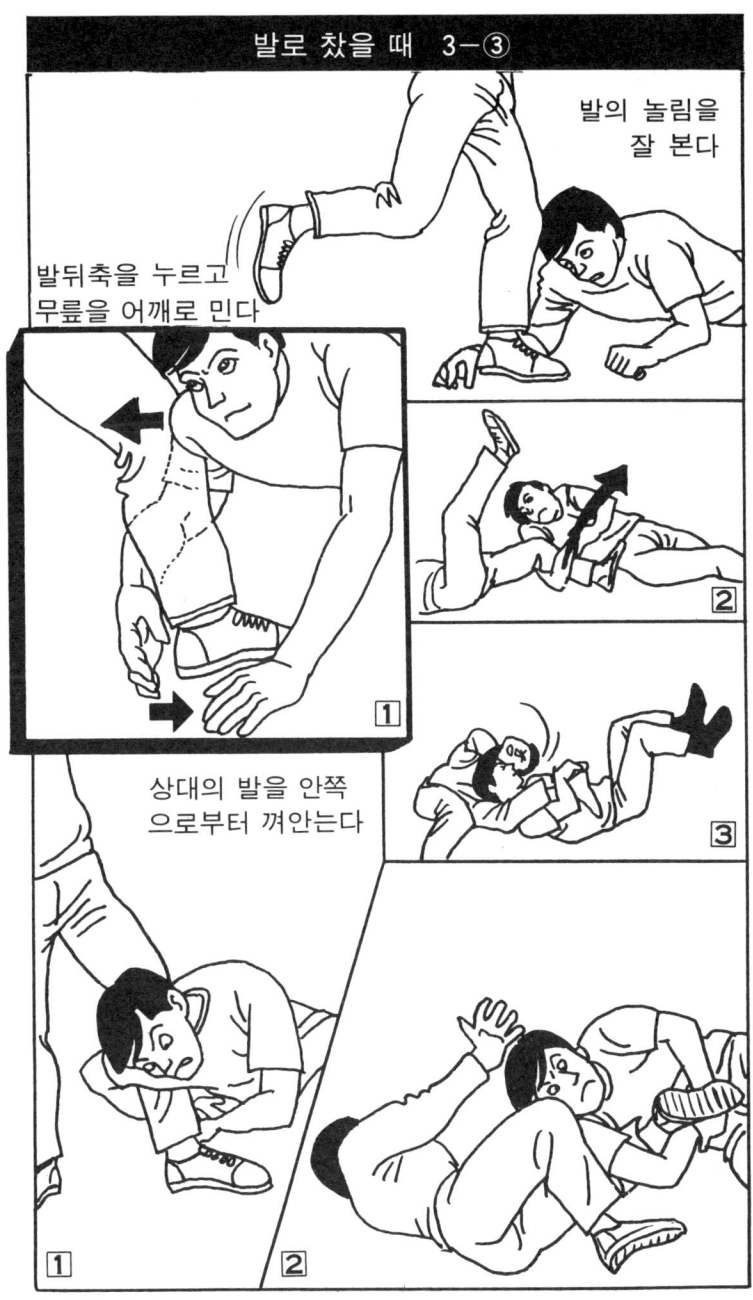

4 많은 사람 ▶ "겨냥하는 한 사람"을 어떻게 가려낼 것인가?

격투기(格鬪技)가 스포츠로서 인정된 것은 1대 1로 싸우기 때문이다.

레슬링, 유도, 삼보, 그리고 체중제(體重制)를 도외시한 권투나 씨름 같은 것도 모두 1대 1이다.

그런 것은 1대 1로 힘과 기술을 겨루기 때문에 스포츠로서 인정되는 것이다.

그렇지만 부당한 원칙의 싸움일 경우에는 1대 2든지 1대 3이라는 식의 경우도 있다.

솜씨에 자신이 있는 한 사람에게 그렇지 못한 세 사람이 복수로 덤벼들었을 때는 그런대로 어떻게 될지도 모르지만, 만약에 솜씨에 자신이 없는 사람이 3명의 사람에게 에워싸였을 때는 어떻게 하는가?

우선 「죄송합니다. 용서해 주십시오」하고 용서를 빌어야 하겠지만, 그래도 상대가 용서할 것 같지 않으면 이제는 결심을 하는 수밖에 없다.

먼저 뒤로 돌아가는 자가 없도록 되도록이면 벽 같은 것을 등지고 서야만 한다. 그리고서 제일 먼저 달려드는 녀석에게 맞선다.

기술로서는, 상대의 팔을 끌어당겨 상대의 관절을 꺾는 등의 기술이 좋다.

제일 먼저 달려드는 녀석은 아마도 그 중에서 가장 센 놈일 것이니 그 녀석만 제대로 혼내주게 되면 다른 두 사람은 얌전해질 것이 뻔하다.

4-① 많은 사람▶ 벽을 등지고 섰을 때의 주의 사항

 3명과 싸우게 되어 쫓기다 도망친 곳이 막다른 골목이면, 이런 경우 당신은 궁지에 몰려서 절대로 피할 길이 없게 되었다고 체념해 버리고 말아야 할까?
 도망칠 곳이 없어 벽을 등진다는 것은 불리한 것같이 생각되지만 실은 더없이 유리한 태세인 것이다.
 벽이 당신을 지켜주기 때문이다.
 등 뒤로 한 사람도 오지 못하게 하고 무릎이나 팔꿈치를 굽힐 수 있을 정도의 여유를 가지고 서며 약간 몸을 낮추어 반신이 된다.
 이렇게 되면 설령 상대가 때리려고 덤벼들었다고 해도 피하기 쉽고, 잘하면 상대가 벽을 치고 자멸하게 될 가능성도 있다.
 영화 같은 것에서는 벽에 등을 밀어붙이고 흔들어대는 장면이 적지 않지만, 그렇게 되었더라도 실제로는 후두부(後頭部)를 다치는 일은 없고(어깨를 부딪치는 정도) 큰 충격은 입지 않게 되니 걱정 안해도 된다.
 그리고는, 요긴한 공격 방법으로 상대가 때리다 지쳤을 무렵에 갑자기 몸을 낮추면 된다.
 벽 같은 것을 등지고 있으면 그런 동작도 쉽게 할 수 있는 것이다.
 다음에 두 무릎의 접히는 부분을 어택(공격)해서 벌렁 넘어지게 한다.
 아마도 나머지 2명도 어안이 벙벙해질 테니「무용한 싸움은 맙시다」하고 상냥하게 말하면 그 자리를 뜰 수도 있다.

4-② 팔▶ 두 사람 사이로 파고드는 요령

술집에서 술을 마시다가 남의 싸움을 보게 될 적이 있다.

싸움에 경험이 있는 사람이면 알고 있겠지만, 형편상 싸움을 시작하기는 했지만 실은 별로 싸울 마음도 없어 중재해 줄 것을 바라고 있는 것 같은 경우도 결코 적지 않다.

더구나 그 싸움이 친구끼리의 싸움이라면 양쪽이 상처를 입기 전에 싸움을 말리는 것도 중요한 일이다.

싸움의 중재를 간단한 것으로 생각하는 사람도 있는 듯하지만, 실제로 중재를 하고 있는 장면을 보게 되면 중재가 서툰 경우가 압도적으로 많다.

대개의 경우, 옥신각신하고 있는 두 사람의 어깨 등을 가볍게 두드리면서「그만해, 그만해」하면서 그 주위를 돌고 있다.

그렇지만 이렇게 되면 중재 효과도 적고 잘못하면 엉뚱한 주먹을 맞을 수도 있다.

그럼 어떻게 하는 것이 좋을까?

옥신각신하고 있는 두 사람 사이로 파고드는 것이 상책이다.

파고드는 요령은 두 사람의 팔 밑으로부터 기어드는 것이다. 밑으로부터이면 의외로 기어들기 쉬운 법이며, 싸우고 있는 두 사람만 해도 갑자기 그들 사이로 불쑥 얼굴을 내밀게 되면 당장 전의를 잃게 된다.

투덜거리면서도 싸움을 중지할 것이다.

만약에 서로 떨어져서 하는 싸움에서 한 사람이 때리려고 달려드는 참이라면 뒤로부터 바지자락을 쥐게 되면 OK이다.

때리는 동작을 그만 멈추게 된다.

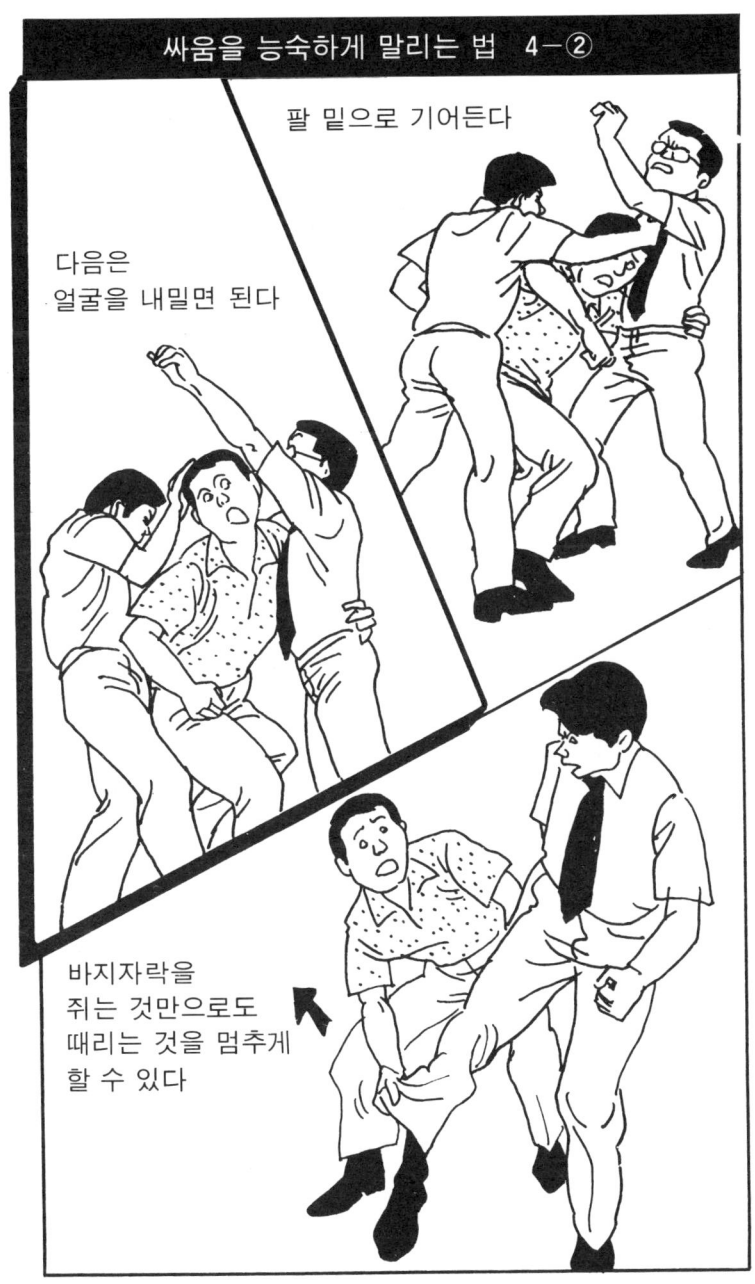

4-③ 눈 ▶ 옆 방향이면 눈으로 쫓을 수 없게 된다

혼자서 3명을 상대하기보다 혼자서 2명을 상대하는 싸움 쪽이 어렵다.

왜냐하면, 먼저 3명이 동시에 한 사람의 목덜미를 잡을 수 없다는 것에 주목해 주기 바란다.

거기다가 3명이 동시에 한 사람을 때리려고 달려든다면 한패끼리 얽히게 될 염려도 없지 않기 때문에 결국 1대 3의 싸움이라고는 해도 실제로는 1대 1의 싸움으로 시종한다고 봐도 된다.

그것에 비해 1대 2의 경우에는 2명이 서로 협력해서 당신 한 사람에게 달려들 수가 있다. 그것이 두려운 것이다.

그렇게 되면 불행하게도 당신이 2명으로부터 시비를 당하게 되고, 인기척이 없는 공원에라도 끌려갔다고 하자.

어떻게 하면 좋으냐 하면, 항상 옆 방향으로 달리도록 해서 어쨌든 2명을 한꺼번에 상대하지 않는다는 것을 유념하는 것이 상책이다.

그리고는 틈만 있으면 도망치겠다는 배려를 잊지 않는 것도 중요한 일이다.

검술(劍術)의 비결을 적은 옛날 책에도 상대가 접근해 오게 되면 침을 뱉아서 눈을 못뜨게 하라고 적혀 있다.

침이건 모래건 자갈이건 풀잎이건 무엇이든지 무방하니 먼저 한 사람에게 침을 내뱉아 눈을 못뜨게 한다. 그런 뒤, 만약에 남은 한 사람에게 붙잡히더라도 상대의 얼굴을 손등으로 후려치는 척하며 눈을 비벼대면 풀려나게 된다.

안전한 곳으로 뛰어서 도망칠 수 있는 시간은 충분히 벌 수 있을 것이다.

5 척추 ▶ 아무도 가르치지 않았던 포인트

상대가 당신보다도 훨씬 덩치가 크고 체력도 있다면 메치기해서 올라앉게 되는 경우도 충분히 생각할 수 있다.

「그렇게 된다면 끝장이다. 체념하는 수밖에 없다……」는 식으로 낙담해서는 안 된다.

필자의 경우, 삼보 시합 때면 일부러 틈을 보이고 상대를 누워서 하는 기술로 유도하여 올라타는 순간 이때다 하고 기술을 먹여 패배시킨 경우가 적지 않았다.

아무렇게나 드러눕게 되면 당신은 두 손 외에 두 발을 자유롭게 사용할 수 있는 것이다. 즉, 서 있을 때보다도 무기가 두 배로 늘어난 셈이다.

더구나 발의 힘이라는 것은 손의 힘에 비해 훨씬 세다. 올라탔다고 겁먹을 것은 없다.

우선, 당신의 두 다리를 좌우로 흔들이(振子)처럼 이리저리 움직이는 일부터 시작해 주기 바란다. 이렇게 하면 상대가 아무리 덩치 큰 사람이라도 몸이 롤링(옆질)을 하게 되고 허리가 뜬 불안정한 자세가 된다.

그 때를 보아 넘기지 말고 목을 조르는 상대의 손목을 붙잡으며 한쪽 무릎으로 상대의 척추를 탁 친다. 이것으로 우선 상대를 내던지게 된다.

얼굴이라도 지면에 닿게 되면 전의도 잃게 될 것이다.

오른쪽 무릎으로 찼으면 오른쪽 어깨를 붙이고 왼쪽 어깨를 뜨게 한다.

왼쪽 무릎으로 찼을 때는 오른쪽 어깨를 뜨게 하는 것이 요령이다.

위로 올라탔을 때 5

두 다리를 좌우로 움직인다

상대의 허리가 뜨게 되면 척추 부위를 무릎으로 가격한다

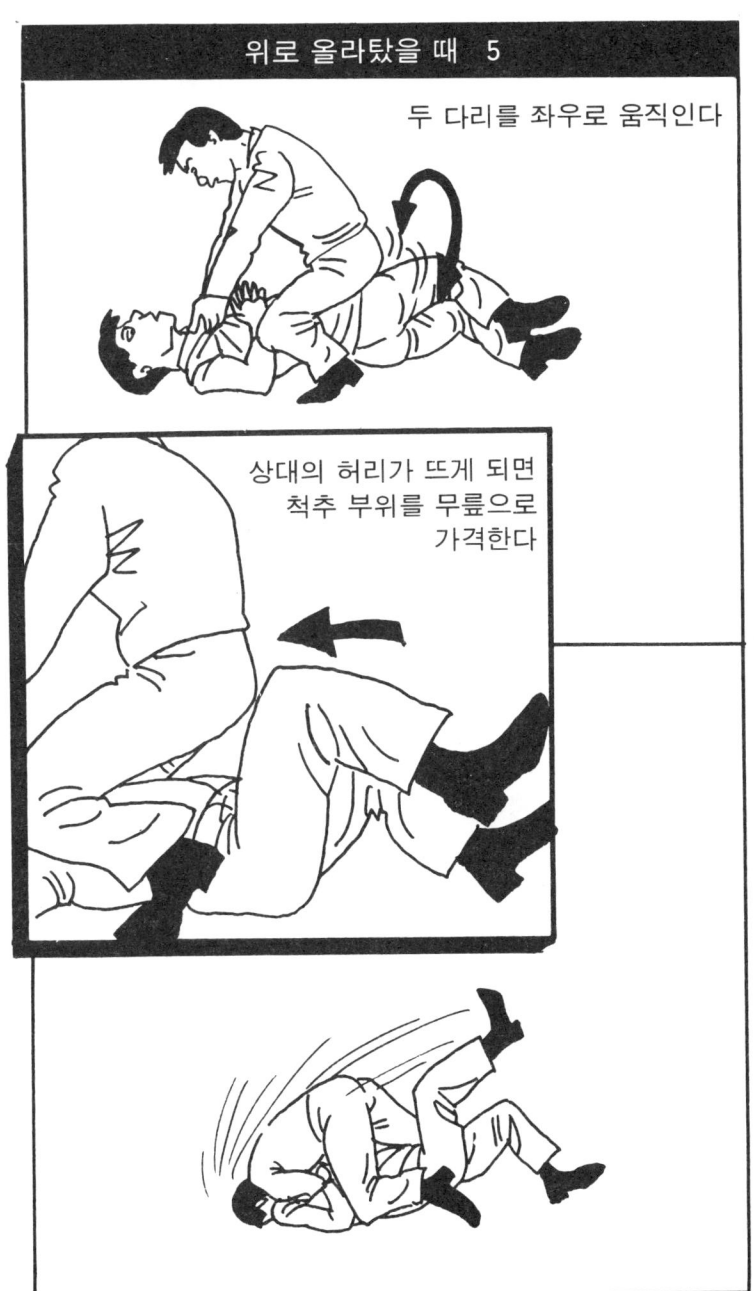

5-① 팔▶ 팔꿈치의 바깥쪽을 공격당하면 끝장이다

젊을 때의 독신 생활은 어쩐지 편안하고 자유로운 생각이 들어 매력적인 법이다.

그렇지만 자칫 문단속이 소홀하기 쉬운 결점도 있어 때로는 빈집털이를 당하거나 재수없게 그 빈집털이(도둑)가 달려들어서 쓰러뜨리고는 올라타는 적이 없다고도 할 수 없다.

그런 때에는, 어쨌든 기본기에서 가르친 두 다리의 흔들이(진자) 운동을 할 것. 그리고는 틈을 보아 상대의 허리 부위를 무릎으로 탁 친다.

의외로 강한 충격이 있는 법인데, 별로 마음이 모질지 못한 도둑이면 이것으로도 항복하게 될 것이다.

만약에 제법 솜씨 있는 도둑으로 이것에도 질리지 않고 다시 달려들면 어떻게 하느냐 하면, 또 한번 올라타게 하면 된다.

아마도 이번에는 상대도 필사적일 테니 당신의 목을 조르려고 들 것이다. 그것이 노리는 점이다.

우선 두 손으로 상대의 팔꿈치 부분을 안쪽으로 꽉 죈다. 힘껏 하고서 팔꿈치를 부딪치게 해도 된다. 그리고는 상대의 두 팔꿈치를 껴안은 채 옆으로 쓰러진다.

두 팔꿈치가 완전히 제압당하고 있으므로 상대는 움직이지 못할 것이다.

이러는 동안 큰 소리로 「살려줘」 하고 소리치면 누군가 도와줄 것이다.

하기야 이런 사태가 생기기 전에 우선 문단속부터 잘하는 것이 선결 문제이다.

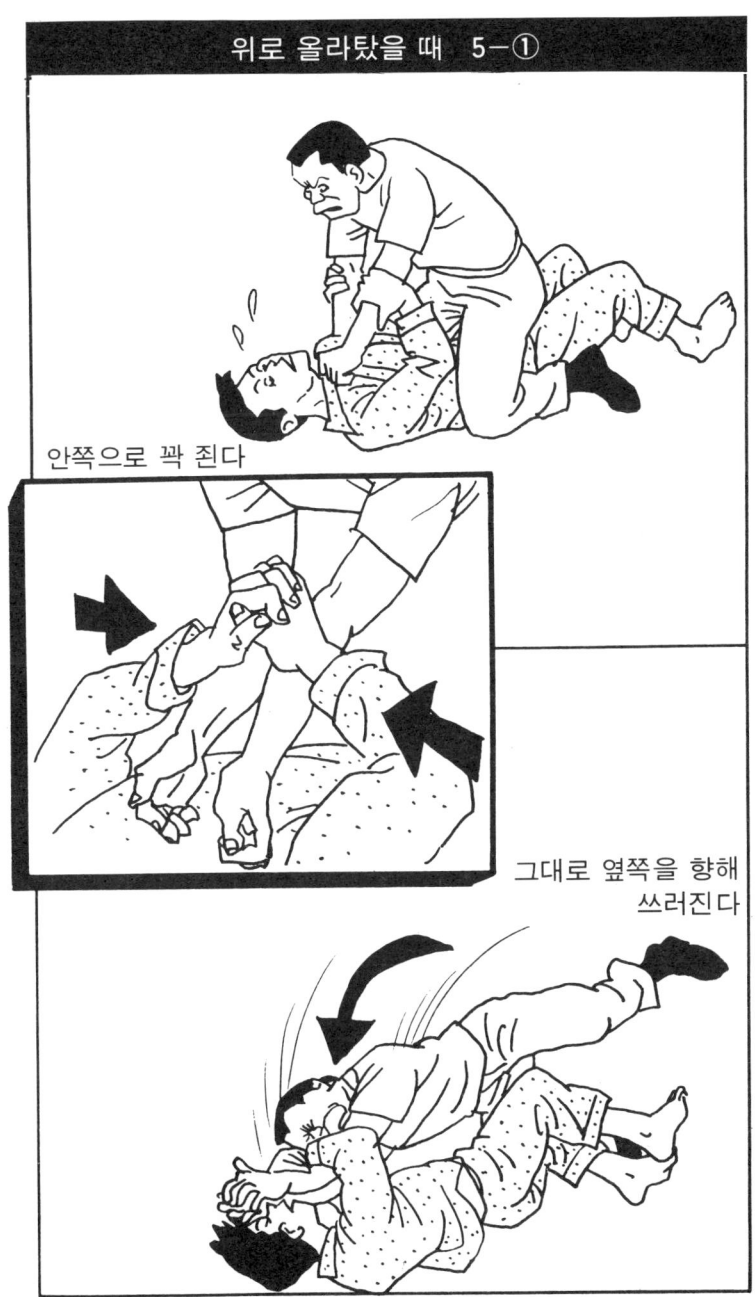

5-② 팔꿈치 ▶ 무의식 중에 비명을 지르게 하는 관절잡기

"삼보"란 러시아어로 "자기 방어"라는 뜻이다.

따라서, 자기 몸을 지키기 위해서는 참으로 안성마춤의 격투기인데, 그 특징은 끝내 불리한 태세에 몰려도 한방이면 대역전을 할 수 있게 되는 것이다.

그 비밀은, 삼보에서는 손목만 아니라면 어느 관절에 기술을 걸어도 되기 때문이다.

필자만 해도 몸집이 작고 체력이 없음에도 불구하고 삼보 시합에서 무패의 기록을 세울 수 있었던 것은 관절에 대한 공격이 남달리 뛰어났기 때문이라고 생각한다.

아무리 체력이 왕성한 덩치 큰 사람이라도 관절을 평소 때 굽히게 되는 방향과는 반대 방향으로 구부리게 되면 항복하지 않을 수 없는 것이다.

바꾸어 말하면, 당신이 웬만큼 싸움에 익숙한 똘마니에게 당하고 아차하는 데까지 이르러도 어떻게 해서 상대의 관절을 잡을 수만 있게 된다면 대역전의 찬스는 있다.

어떤 경우라도 체념하는 것은 금물인 것이다.

예를 들면, 똘마니에게 가까운 공터로 끌려가서 불의에 내던져지고 상대가 올라타게 되었다고 하자. 거기다 상대는 어지간히 힘도 세다…….

그렇지만 잠깐 생각해 보기 바란다.

상대가 위압적으로 나오고 덮치면 덮칠수록 턱, 어깨, 팔꿈치

등 겨냥할 수 있는 상대의 관절은 가까이에 와 있다. 따라서 당신이 아무렇게나 팔을 휘두르고 있으면, 그러는 동안에 어딘가의 관절을 잡게 되는 찬스도 생겨나게 되는 법이다.

만약에 상대가 마침 때리려고 했을 때에 당신 목덜미를 누르고 있는 다른 쪽 팔의 팔꿈치 부분이라도 제대로 붙잡을 수 있었다고 하자.

그렇게 되면 뜻대로 된 것이다.

당신은 두 손 또는 한 손으로 그 팔의 팔꿈치 바깥쪽을 꽉 누른다. 상대의 그 팔은 곧바로 뻗치게 될 것이다.

더우기 목덜미를 잡고 있는 손목 부위가 지렛대의 지렛목 역할도 하게 되니 그 똘마니는 밸런스를 잃고 견디다 못해 얼굴부터 지면으로 처박히게 될 것이다.

대개의 경우 그것만으로도 상대는 항복한다.

만일에, 그래도 역시 반항하려고 한다면 다시 상대의 손목을 목과 어깨 사이로 끼고 더한층 팔꿈치 관절의 바깥쪽을 밀어 주게 되면 완벽하다.

상대는 움직이면 움직일수록 통증이 늘 뿐이다.

단, 너무 세게 밀면 상대의 팔꿈치를 부러뜨리게 되는 수도 있다. 지나치지 않도록 주의할 필요가 있다.

또, 두 팔로 어깨 부위를 누르려고 하면 상대의 왼팔 팔꿈치 바깥쪽을 오른팔로 안쪽에, 오른팔의 팔꿈치를 왼팔로 안쪽에 교차시키면서 밀어 준다.

그리고는 상대의 오른팔 손목을 쥔 채 밀어 넘어뜨리고 일어나게 되면 완전히 제압할 수 있다.

이 기술도 지금까지의 기술과 마찬가지로 관절을 누를 뿐이라 누구라도 할 수 있고 간단히 괴한을 격퇴할 수 있다.

아무리 센 사람이라도 관절은 단련하지 못하는 것이다.

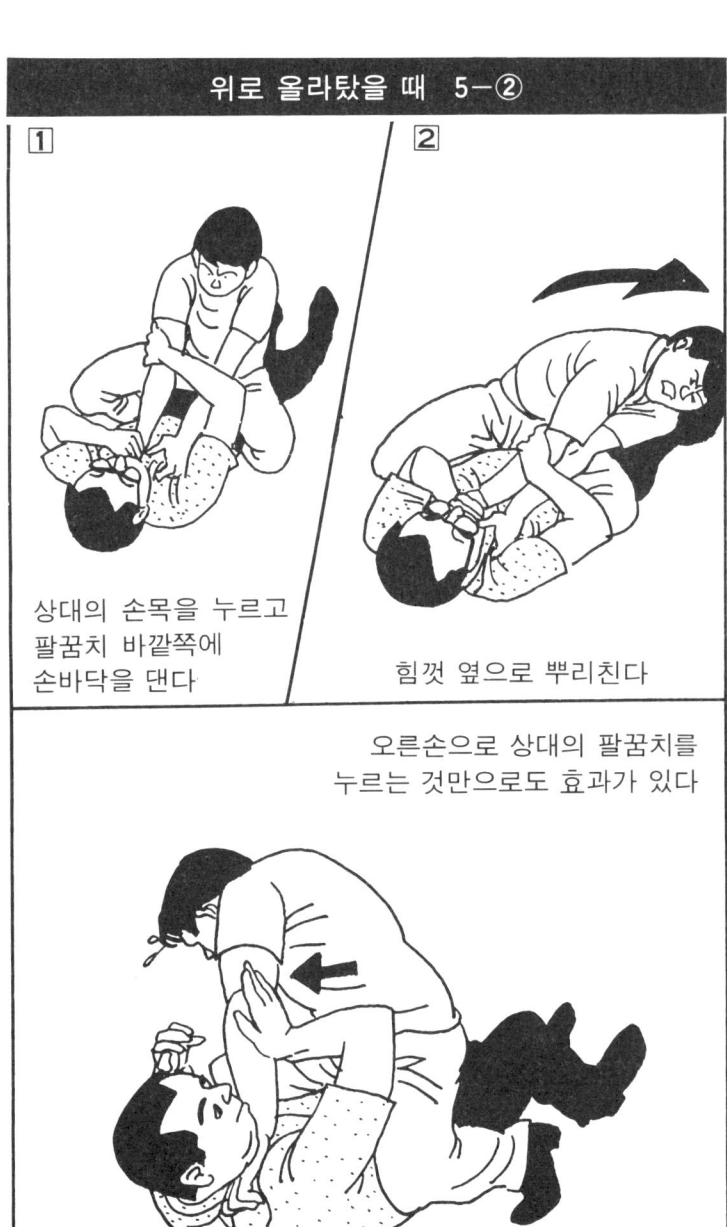

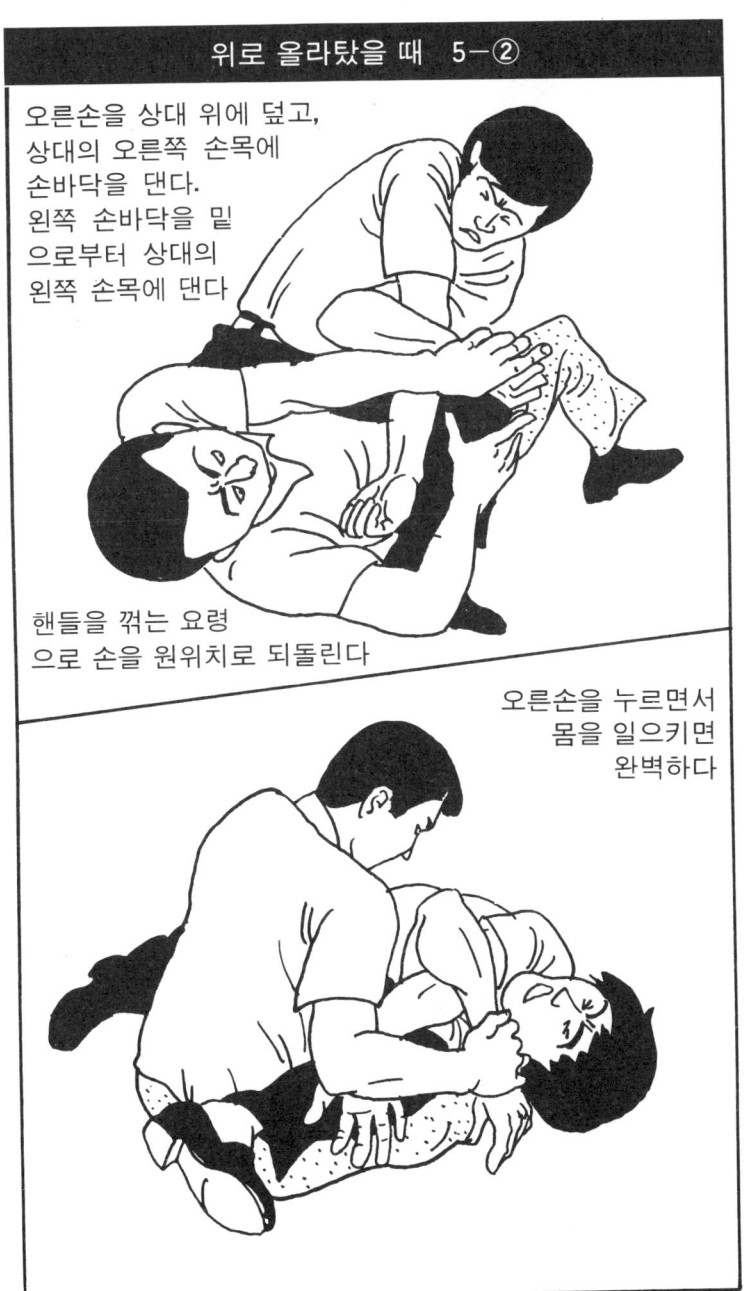

5-③ 팔▶ 여성이기 때문에 할 수 있는 필살기(必殺技)

영화 장면 같은 데서 흔히 보게 되는 강간은 여성에게는 대단히 굴욕을 준다.

물론 당신이나 다른 여성도 그런 경우를 당하지 않도록 빌지만, 만일에 강간당할 처지에 놓이면 그 치한에게 철저한 타격을 주고 몸을 지켜 주기 바란다.

이런 경우는 우선 체념한 듯이 가장해서 상대를 방심시키는 것이 요령이다.

그렇게 되면 치한은 먼저 당신을 쓰러뜨리고 다리 사이로 파고들려고 할 것이다. 그리고는 두 팔로 앞가슴을 잡으려고 했을 때 이 때가 바로 찬스이다.

당신은 두 다리를 힘껏 들어올려 치한의 양 어깨에 얹는다.

다음에는 두 다리로 치한의 두 팔을 조르는 것만으로도 된다.

여자라고는 하지만 다리의 힘이라는 것은 상당히 강렬한 것이기 때문에 치한은 그것만으로도 항복할 것은 확실하다.

이 때에 앞가슴에 와 있는 상대의 손목을 쥐고 있으면 더욱 효과가 있다.

만약에 고약한 성질의 치한이면 당신은 또다시 몸을 옆으로 틀면 된다. 치한은 옆으로 넘어져 딩굴게 된다.

여기서 다시 덤비겠다는 무분별한 마음을 가지는 일도 없을 것이다.

여성일 경우 몸이 유연하므로 이런 기술도 쉽게 할 수 있는 것이지만, 거기다 히프를 힘껏 들어올리는 것이 효과를 필사적인 것이 되게 하는 요령이다.

5-④ 턱 ▶ 어떤 사람에게도 있는 세 가지의 위크포인트

지금까지 설명한 바와 같이 위로 올라탄 상대에 대해서는 손을 이용하는 것만으로도 충분히 반격할 수 있다.

하지만 적도 풋나기가 아니고 만만치 않은 상대라면 손 뿐만 아니라 다리까지도 합세해서 방어하지 않으면 안 될 때가 있다.

예를 들면 「어쭈! 이 자식」하면서 유도의 어깨굳힘 요령으로 목을 꽉 조르는 상대라면 사내의 몸에 붙어 있지 않은 쪽의 다리에 손을 곁들여 은밀히 든다. 그와 동시에 같은 쪽의 손으로 상대의 턱을 젖힌다.

그 홱 젖혀진 턱에 다리를 걸치면 당연히 상대의 몸은 크게 뒤로 젖혀질 것이다.

다음에는 자기에게 가까운 쪽의 상대 팔을 제압하게 되면 완벽한 것으로, 어떤 강적이라도 더는 꼼짝하지 못한다.

또, 도저히 피할 길이 없고 어떻게 할 수도 없는 경우라면 상대를 조르기로 기절시키는 기술을 쓰는 것도 부득이한 일일 것이다.

포인트는, 두 손을 크로스(교차)시켜서 상대의 목덜미를 잡을 것. 다음에 양쪽 팔꿈치를 합치도록 하고 거기다 앞으로 끌어당기듯이 하면 된다.

또는 상대의 고관절(股關節) 부위에 당신의 발목이 제대로 들어가면 두 손을 크로스시키고 목덜미를 잡은 상태에서 고관절 부분을 내차 상대의 몸을 펴게 한다.

이것으로도 상대는 제대로 기절한다.

단, 꼭 자기 방어에만 쓰도록 하기 바란다.

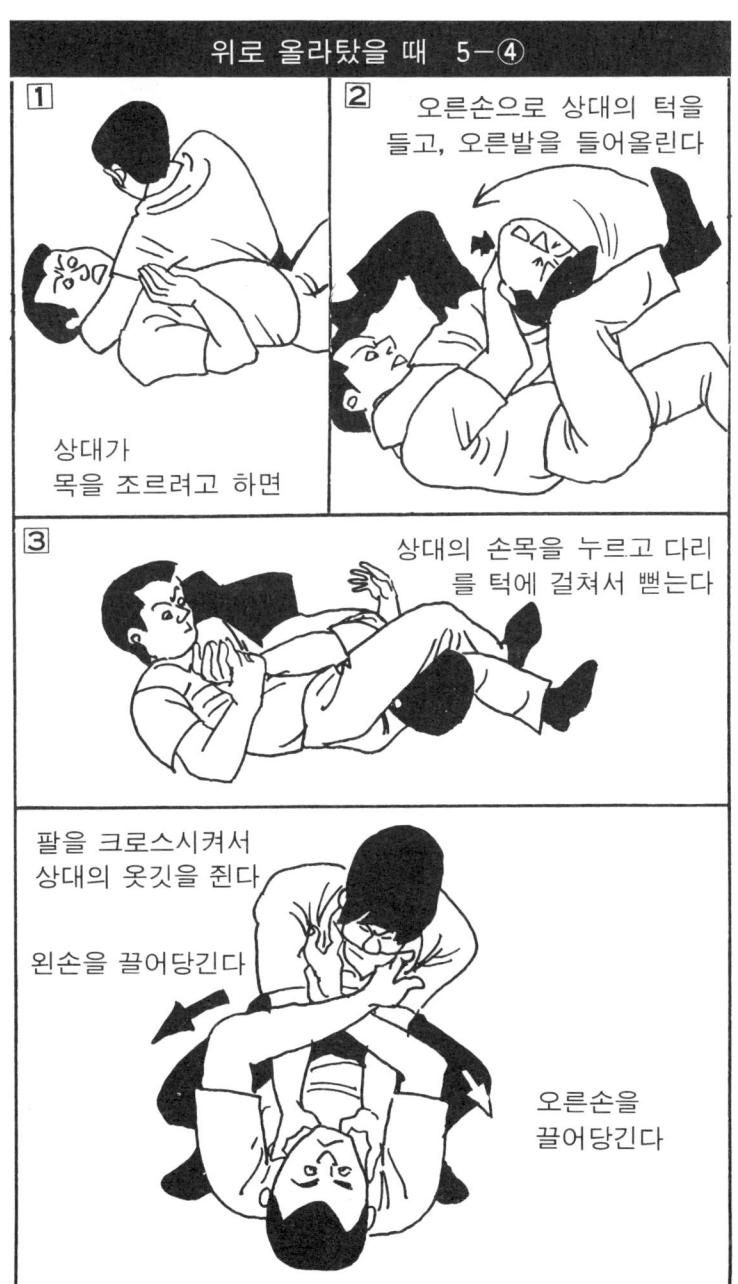

6 목 ▶ 경추(頸推)는 어째서 사인(死因)이 된다고 하는가?

술이란 것은 적당히 마시게 되면 그처럼 기분을 좋아지게 하는 것도 없다.

그렇지만, 신바람이 나서 과음했을 때에는 저도 모르게 기운이 뻗쳐서 사소한 잘못을 저지를 경우도 역시 많다.

얼마 전에도 차안에서 곤드레만드레 취한 아저씨가 말썽을 일으키는 장면을 본 적이 있다.

그 아저씨는 제법 취해서 서 있는 것이 힘든 모양이다. 앞에 앉아서 졸고 있는 사람을 무릎으로 막기도 하고 자기가 목에 걸고 있던 백을 무릎 위에 놓기도 하며 「이 자식들아」 하는 말도 하며 주정을 부리기 시작했다.

그렇게 되니 주변의 여성들이 피하기도 하고 「주정하면 쓰나요」 하는 젊은 사람이 나타나기도 해서 싸움이 벌어질 것 같았다. 그래서 마침내 필자가 나서게 되었다.

「아저씨, 그러시면 안 됩니다」 하고 마침 비게 된 좌석에 앉히며 목에 걸고 있던 백을 필자 무릎으로 꽉 눌렀다.

아저씨는 목을 푹 아래로 숙인 채로 얼마 동안 바둥바둥하며 「뭐야, 너 이 자식」 하고 호기를 부리는 것 같더니 이윽고 얌전해졌다.

주정꾼은 대개의 경우 술 기운으로 허세를 부리고 있을 뿐이므로 아뭏든 억누르고 달래는 것이 상책이다.

주정꾼은 몸 놀림도 둔하기 때문에 팔 같은 것의 관절을 꺾는 건 쉬운 일이다.

고통으로 술에서 깨면 이제는 그냥 방치해도 걱정은 없다.

6-① 무릎 ▶ 지렛대의 원리를 응용하는 간단한 기술

2, 3년 전의 이야기이다.

차를 탔더니 우연히 함께 탄 술꾼 3명이 젊은 여성에게 지분거리기 시작했다.

그래서 필자가 「그만두라」고 했더니 한 녀석이 「뭐야 당신 맞서겠다는 거야? 다음 역에서 내려」하고 목덜미를 잡으려고 했다.

필자는 차안에서 옥신각신하는 것은 다른 사람에게 폐를 끼친다는 생각에서 우선 그 사람을 슬쩍 넘어뜨렸다.

넘어뜨려진 사람과 나머지 두 사람이 어리둥절해서 뭐가 뭔지 모르겠다는 얼굴을 하고 있었는데, 비밀을 알게 되면 별로 대단치 않은 일이다.

목덜미를 잡으려고 한 걸음 내딛는 상대의 발뒤축 뒤에 자기의 발뒤축을 댄다. 그리고는 또 한쪽의 발로 상대의 무릎을 살짝 밀어 준다. 이것만으로 나자빠진다.

상대의 발뒤축은 고정되어 있어 지렛대의 지렛목이 되고 있기 때문에 거의 힘을 들이지 않고서도 정말 멋지게 제압한 것이다.

상대가 발을 벌리고 평행으로 서 있을 경우는 당신이 두 발을 그 안으로 넣어서 힘껏 벌리고 동시에 손으로 살짝 밀어 주게 되면 역시 간단히 다운시킬 수 있다.

게다가 당신이 다리를 꼬고 앉았다면, 먼저 바닥을 짚고 있던 발을 상대의 한 발 안쪽에 넣고 꼬고 있던 발로 상대 무릎의 접히는 부분을 후리듯이 공격한다.

상대는 앞으로 고꾸라지듯 넘어지는 형세가 되고 즉시 얌전해진다.

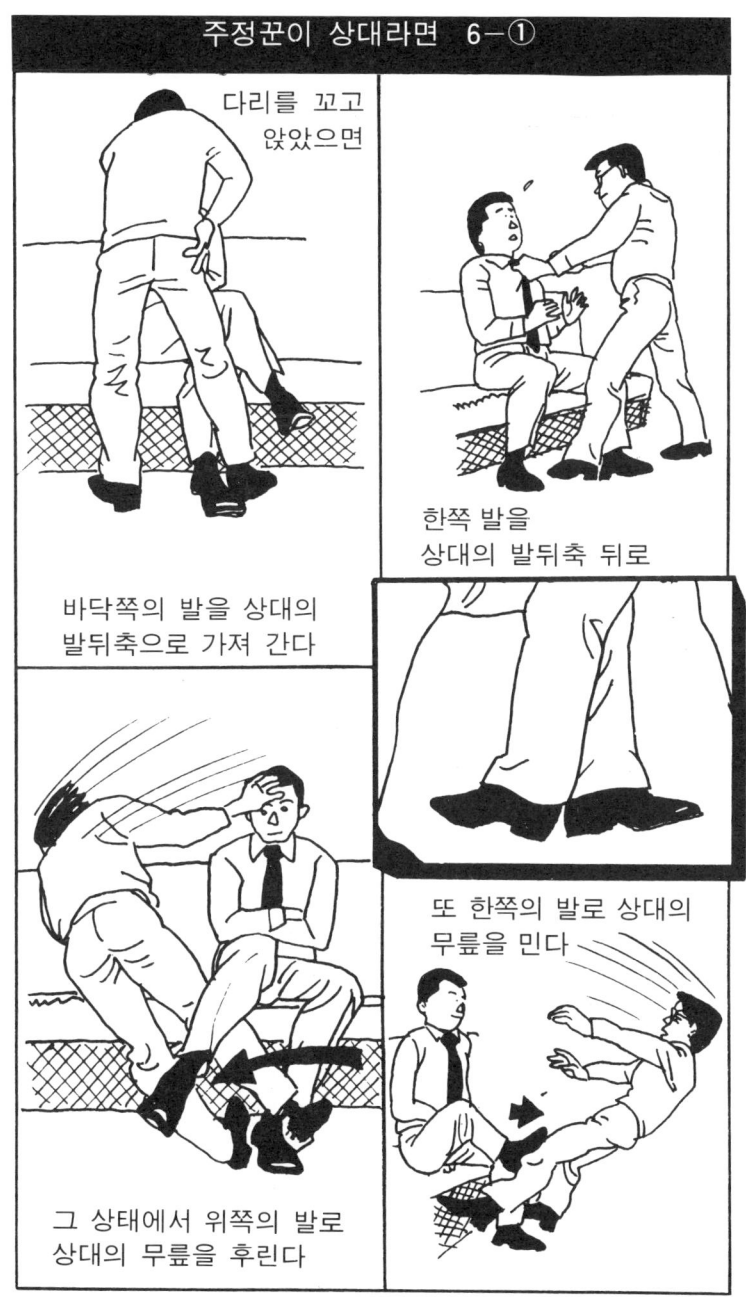

6-② 발뒤축 ▶ 아킬레스건 이상으로 약한 곳

 주정꾼은 귀찮은 존재로, 비틀거리는 걸음걸이로 남에게 마구 부딪치면서도「이봐, 넌 뭣 때문에 내게 부딪치는 거야」하며 엉뚱한 말을 태연히 뇌까리기도 한다.
 아뭏든, 넓은 길가에서의 일이라면 그런 주정꾼을 피해서 지나갈 수도 있겠지만 번화가 등 사람의 왕래가 많은 곳에서는 부득이 부딪치게 되는 적도 많다.
 그리고는 느닷없이 멱살을 쥐려고도 하는 것인데, 이렇게 되면 자기 방어를 하지 않을 수 없다.
 우선 냉정히 주위를 둘러보고 그 주정꾼을 쓰러뜨리기에 적당한 자리를 찾는다.
 번화가에서는 대개 한 층 높아진 보도(步道)부분이 있을 것이다. 그런 곳을 이용하면 되는 것인데「자, 자, 화내지 마시고」하며 상대를 보도 앞으로 유인한 후 환혹 작전으로 상대의 눈앞에서 손바닥을 펼쳐 쓱 움직인다.
 상대가 무의식 중에 외면하게 되면 그 틈을 놓치지 말고 두 손으로 힘껏 앞가슴을 밀어 주면 된다.
 보도 가장자리로 발목이 고정된 상대는 멋지게 엉덩방아를 찧을 것이다.
 상대가 혁대를 하고 있다면 한 손으로 그 혁대를 잡고 남은 한 손으로 턱을 밀어 준다는 식도 같은 효과를 얻을 수 있다.
 어쨌든 힘껏 세게 밀어 주는 것이 요령이다.
 다음에 재빨리 그 자리를 뜨면 된다.

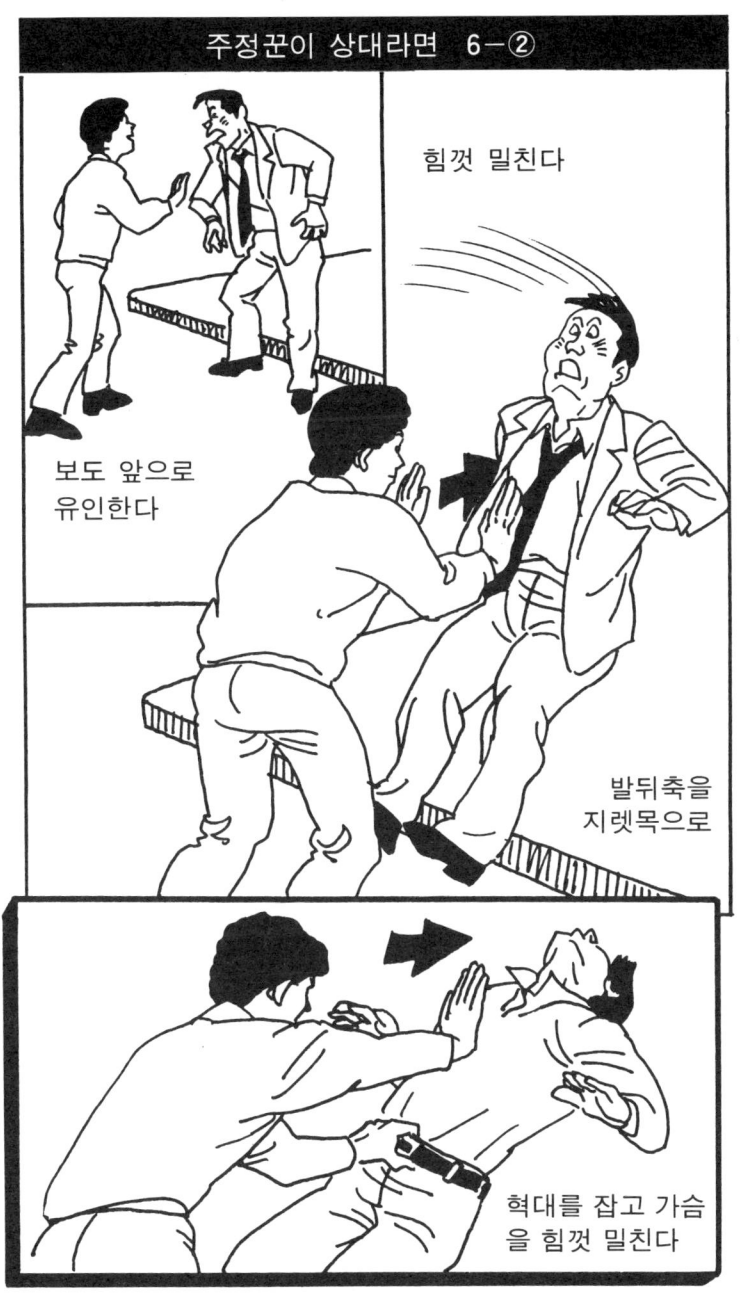

6-③ 팔▶ 끌리게 되면 인간은 약하다

술집에서 귀찮게 착 달라붙어서 지분거리는 경우를 당할 적도 흔히 있다.

옆 좌석에서 술을 마시던 사내가 지금까지는 계속 기분이 좋았는 데도 왠지 갑자기 화를 내며 당신에게 트집을 잡는 경우 같은 것이다.

정말이지 귀찮은 이야기지만, 뒤로부터 어깨라도 잡으려고 하면 그 팔을 뿌리치는 것이 아니라 반대로 끌어들이도록 하는 것이 좋다. 대체로 그런 팔은 뿌리치고 싶은 법이지만 그것을 반대로 끌어들인다는 것이 필자의 방식으로, 다음에는 마침 눈앞에 있는 카운터 위에 손등을 내동댕이치거나 상대의 손끝을 카운터 모서리에 내동댕이친다.

그것으로도 충분히 충격을 줄 수 있다.

물론, 개중에는 더욱더 격분해서 이번에는 앞으로부터 멱살을 잡으려고 하는 광견(狂犬) 같은 사람도 있겠지만, 그럴 때에는 상대의 손목을 두 손으로 고정시키듯이 하고 뒤로 몸을 끌어당겨 상대의 힘을 피한다. 그리고는 한 손은 손목을 받친 채 남은 한 손으로 팔꿈치의 바깥쪽을 밀어 준다.

상대는 푹 쓰러지고 이번만은 얌전해질 것이다.

또한, 당신이 여성을 동반하고 술을 마시는데 옆 좌석의 주정꾼이 그 여성에게 집적거렸다고 하자.

당신은 재빨리 뒤로 돌아가서 팔꿈치나 손등으로 상대의 얼굴을 젖힌다.

나머지 한 손으로 상대의 팔을 잡고 있으면 상대가 반항해도 팔꿈치를 공격하는 것만으로도 이미 모든 것은 끝장이 나고 만다.

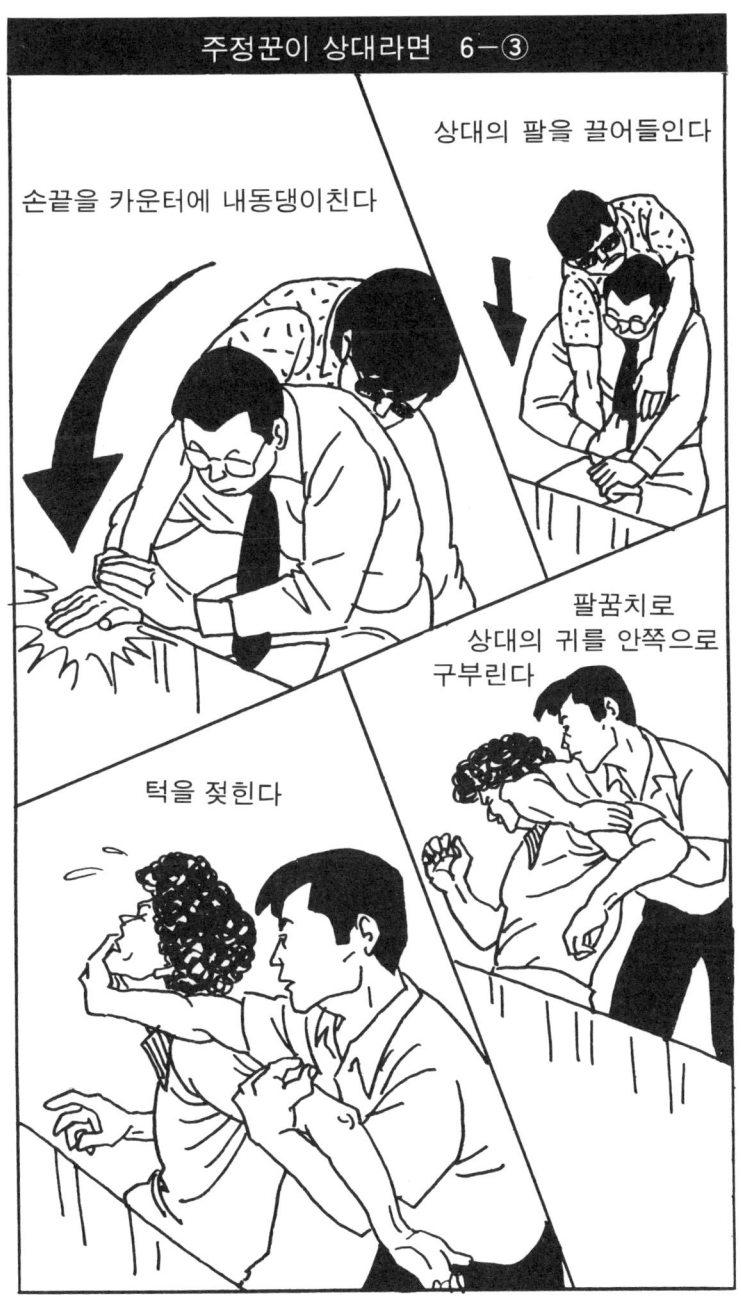

6-④ 무릎 ▶ 인대(靭帶)는 어떤 사람도 단련하지 못한다

　스낵의 박스석에서, 동반한 여성과 얼마 전에 보았던 영화의 이야기 같은 것을 하면서 물탄 브랜디잔을 기울이고 있을 때에 운 사납게 똘마니같아 보이는 사내와 눈이 마주쳤다고 하자.
　그리고는 그 사내가 「이봐, 뭐가 못마땅해?」하면서 당신 곁으로 성큼성큼 다가왔다고 하자.
　게다가 더욱 나쁜 것은 그 사내에게는 일행이 있다.
　1대 2의 매우 거북한 경우이지만, 이런 때에는 어쨌든 한 사람을 제압하고 「항복한다」는 말을 하도록 하는 수밖에 없다.
　차안에서 필자가 주정꾼을 쓰러뜨린 이야기를 상기해 주기 바란다.
　그것과 같은 기술을 걸면 되는 것인데, 이번에는 똘마니가 엉덩방아를 찧은 뒤에 결정적인 수가 필요하다.
　그렇기는 해도 그다지 어려운 일은 아니다.
　쭉 뻗은 한 발을 자기의 두 무릎으로 끼고 상대의 무릎 위를 손바닥이나 팔꿈치로 꽉 눌러 주기만 하면 된다. 이것으로 고통스러운 비명을 지르게 될 것이다.
　이것을 보면 또 한 사람의 동행도 덤벼들지 못할 것이다.
　마찬가지로 꼬고 있는 발을 이용해서 상대를 앞으로 쓰러뜨리는 기술을 써도 되지만, 그럴 때는 무릎의 접히는 부분을 발바닥으로 꽉 누르는 형세의 마지막 굳히기를 잊지 말아야 한다.
　만약에 밖에서 2, 3명의 주정꾼에게 시비를 당했으면 도망치는 것이 상책이다.
　무엇보다도 자세를 낮추고서 잡으려고 하는 상대 밑을 빠져나가 재빨리 줄행랑을 친다.

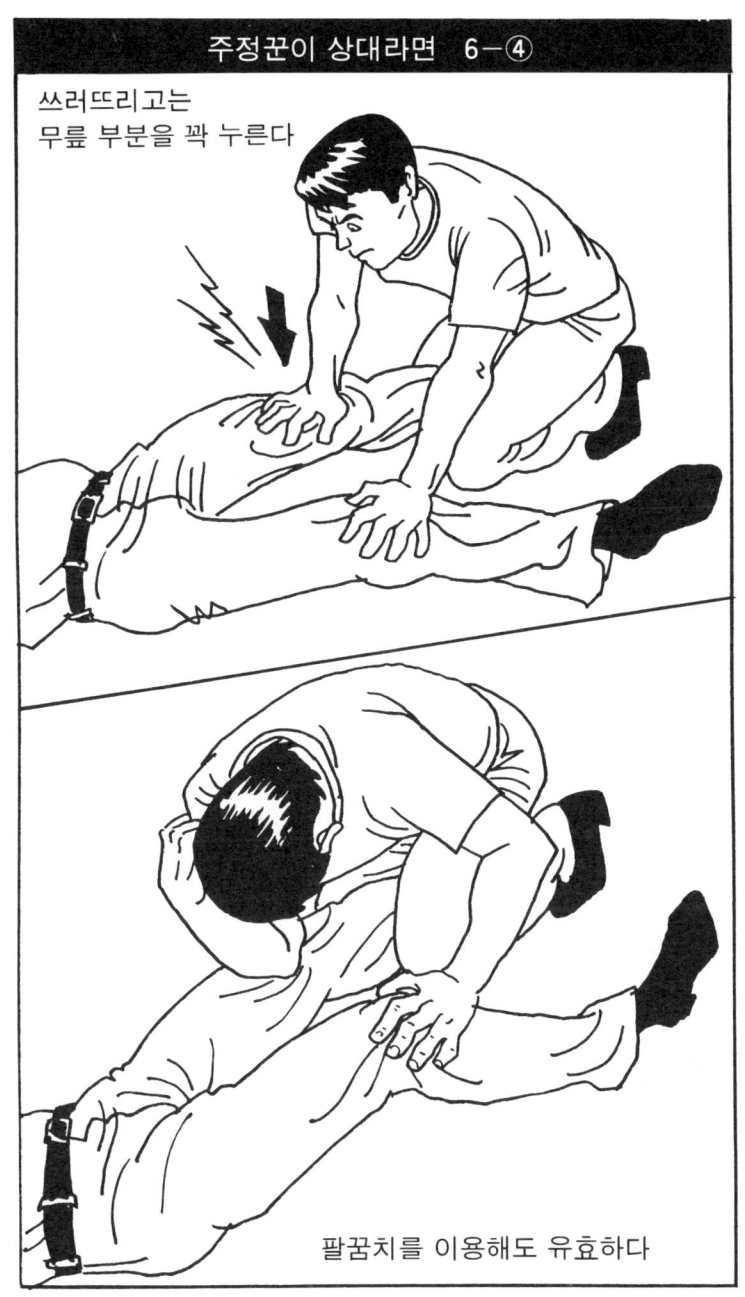

6-⑤ 턱 ▶ 키가 큰 사람일수록 허리에 약점이 있다

키가 큰 사람과 작은 사람이 있다.

어느 쪽이 더 셀 것 같으냐고 묻는다면 역시 키가 큰 사람이 세다고 손을 들 것이다.

그렇지만 실제로는 키가 작은 사람이 큰 사람보다 센 경우가 많다. 그 까닭은, 키가 큰 사람보다 작은 사람 쪽이 허리의 위치가 낮기 때문이다. 즉, 무게 중심이 보다 낮고 안정돼 있다는 것이다.

키가 큰 사람의 허리에 낮은 사람이 제대로 허리를 넣을 수 있게 되면 크게 냅다 던지는 것쯤은 간단하다.

필자 자신도 삼보 선수 시절 상대가 자신보다 키가 클 때에는 내심 뜻대로 됐다고 생각했던 것이다.

그렇지만, 그렇게 말하기는 해도 역시 자기보다 키가 큰 사람으로부터 얕보는 것 같은 느낌으로 시비를 받게 되면 별로 좋은 기분은 아니다.

그리고 당신이 조금만 키가 작기라도 하면 대게 목을 껴안으려고 달려들 적이 많다.

이른바 프로 레슬링의 "헤드 록"이란 것이지만, 이것으로 공격해오면 기다렸다는 듯이 생각해야만 한다.

키가 큰 사람의 등에 있는 팔을 서서히 들어올리고 그 팔을 상대의 턱에 넣어 힘껏 뒤로 홱 밀어 젖힌다. 다음에는 키가 큰 사람이 못견디고 힘이 빠졌으면 상대 다리의 발뒤축에 발을 넣고 뒤로 쓰러뜨리면 당신의 완전 승리가 된다.

또한 상대의 턱에 손을 넣지 못했다면 상대 앞으로 팔을 돌린 채로 쓰러지기만 하면 된다.

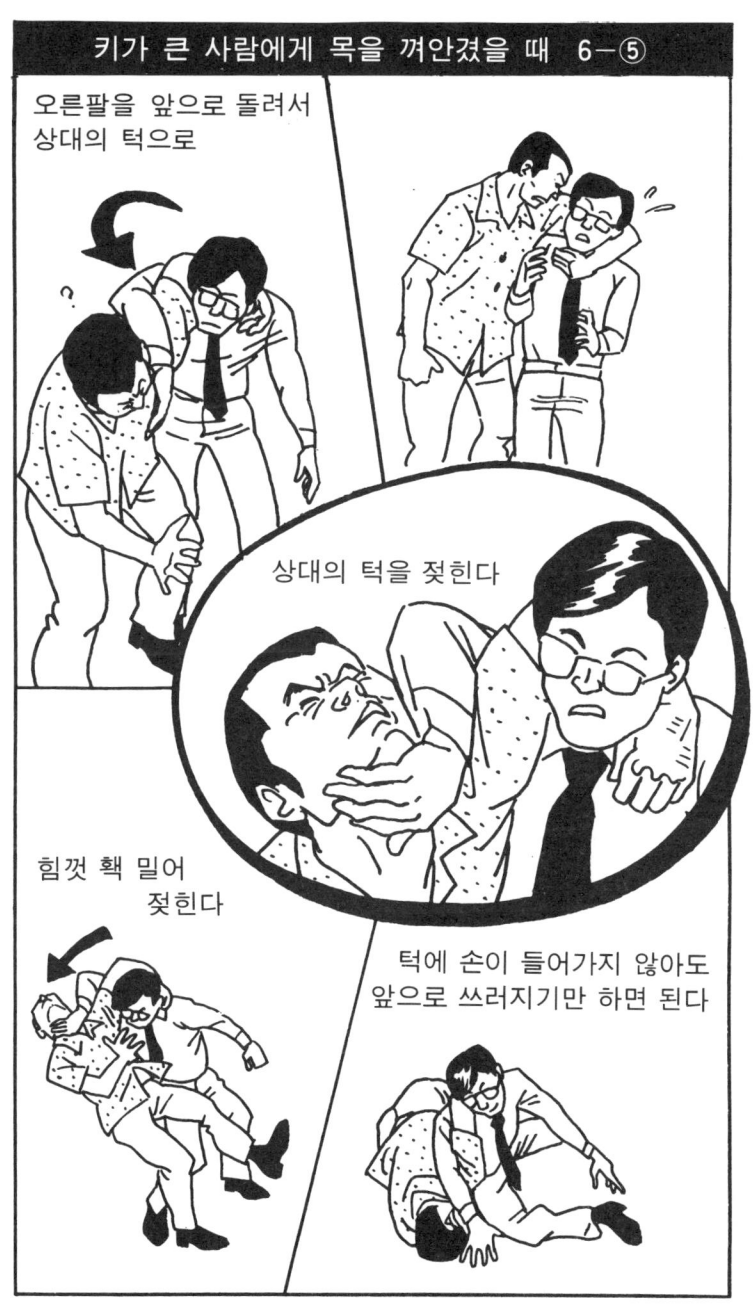

6-⑥ 턱▶ 얼굴을 돌려 놓으면 전의를 상실한다

이미 몇 번이나 자기 방어술을 쓰지 않으면 안 되는 상황으로서 스낵을 등장시켰던 것인데, 그만큼 술이 원인으로 생기는 싸움이 많다는 것이다.

극단적인 말로 울분을 풀기 위한 싸움을 목적으로 술을 마시러 간다는 자까지 있을 정도이니, 즐겁고 평화롭게 술을 마시려고 하는 우리에게 어쨌든 귀찮은 일이다.

그래서, 잘난 체하고 「뭐야 이 자식, 까불거야?」하면서 당신의 목에 팔을 감아 왔을 때에는 하는 수 없다.

몸을 지키기 위해 크롤이란 비장의 무기를 선사해 주면 된다.

크롤의 효과를 높여 주는 요령은 손목을 이용해서 상대의 얼굴을 엉뚱한 방향으로 돌리게 하는 것이지만, 그럴 때 적이 어떻게 해서든 얼굴의 방향을 정면으로 되돌리려고 버티게 되면 바로 예상이 맞아떨어지게 된다.

이쪽이 손목을 쓱 피하고 머리를 탁 부딪는 것만으로 얼굴이 앞으로 푹 수그러져서 카운터 같은 것에 안면을 세게 부딪치고 만다.

물론 카운터 뿐만 아니라 테이블이나 자기의 무릎을 이용해도 된다.

어쨌든 적지 않은 충격을 주게 되는 것이므로 상대는 얌전하게 꽁무니를 빼고 도망칠 것이다.

크롤만 익혀 놓으면 헤드 록으로 나와도 전혀 겁날 게 없다는 것을 이제는 완전히 알게 되었을 것이다.

그럼, 이번에는 시비를 건 자가 갑자기 일어서서 앉아 있는 당신 곁으로 왔다고 한다면 어떻게 되는가?

그 자는 아직 당신에게 닿고 있지는 않은 것이니 당연히 크롤은 효과가 없다.

그럼, 목을 껴안거나 때리려고 오는 것을 기다려야만 하는가?

그렇지는 않다. 선제 공격으로 몸을 지키는 쪽이 득책이라는 건 당연하므로, 그런 때는 상대의 무릎을 주목한다.

무릎 관절이란 것은 앞으로부터 곧장 뒤로 밀치는 것에는 어느 정도 견뎌낼 수 있다.

그렇지만 정면에서 약간 벗어난 방향으로 무릎의 관절 부분을 눌러 주면 의외로 이 충격에는 약해서 어떤 사람이라도 간단히 쓰러지고 만다.

그래서 상대에게 싸울 마음이 없어진다면 더할 나위 없다.

요령은, 반드시 무릎이 구부러지는 부분을 누를 것. 넓적다리 부위를 눌러도 효과가 없다.

그렇지만, 싸움을 잘하는 자인 경우에는 그것에도 기가 꺾이지 않고 다시 대항해 올지도 모른다.

아마도 똑같은 수는 두 번 다시 먹혀들지 않을 것이고 먹혀들었다고 해도 역시 대항해 오게 되면 마찬가지이므로, 이번에는 때리려고 달려드는 상대의 팔을 공격 목표로 한다.

그 팔을 끌어들여 잡는 형세로 팔을 제압하면 역시 그 자는 항복하게 될 것이다.

아뭏든 서서 대항해 오는 상대에 대해서 이쪽은 앉은 채로 응전하는 것이 현명하다.

지키는 자세로는 그 쪽이 훨씬 안전한 것이다.

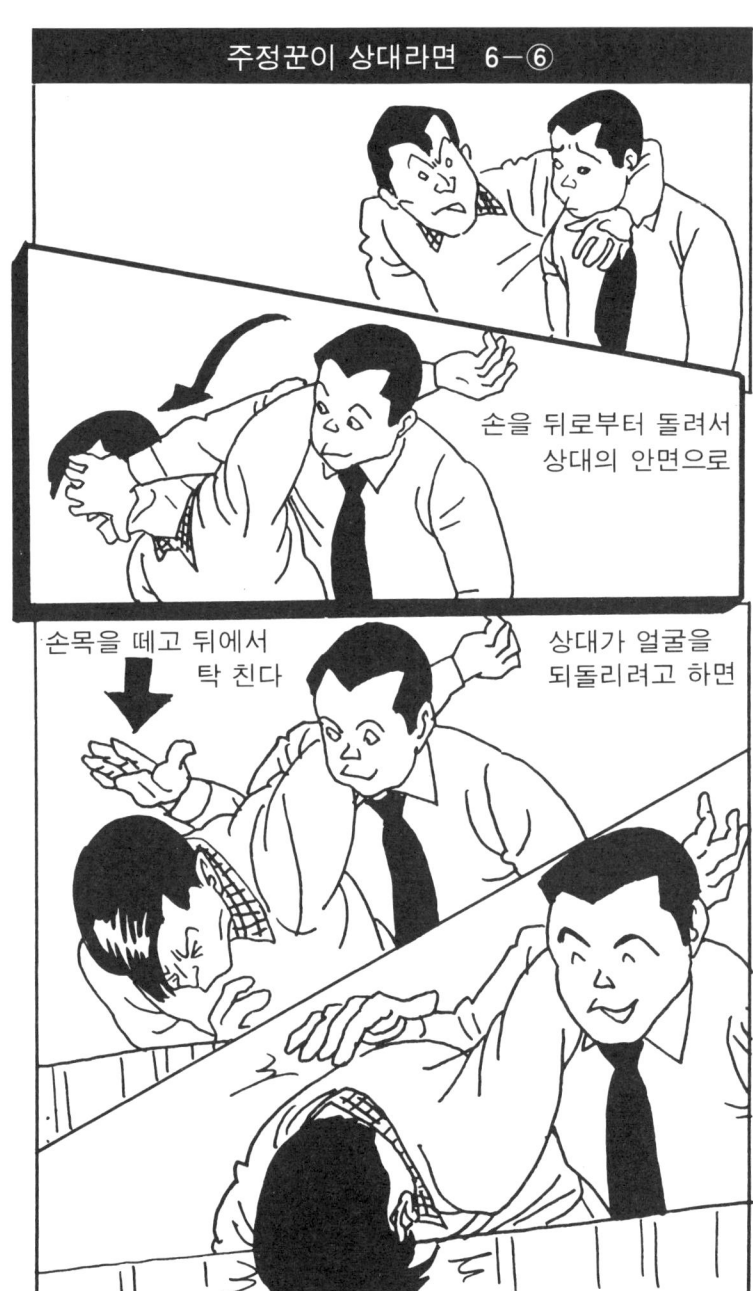

주정꾼이 상대라면 6-⑥

무릎의 바깥쪽을
꽉 누른다

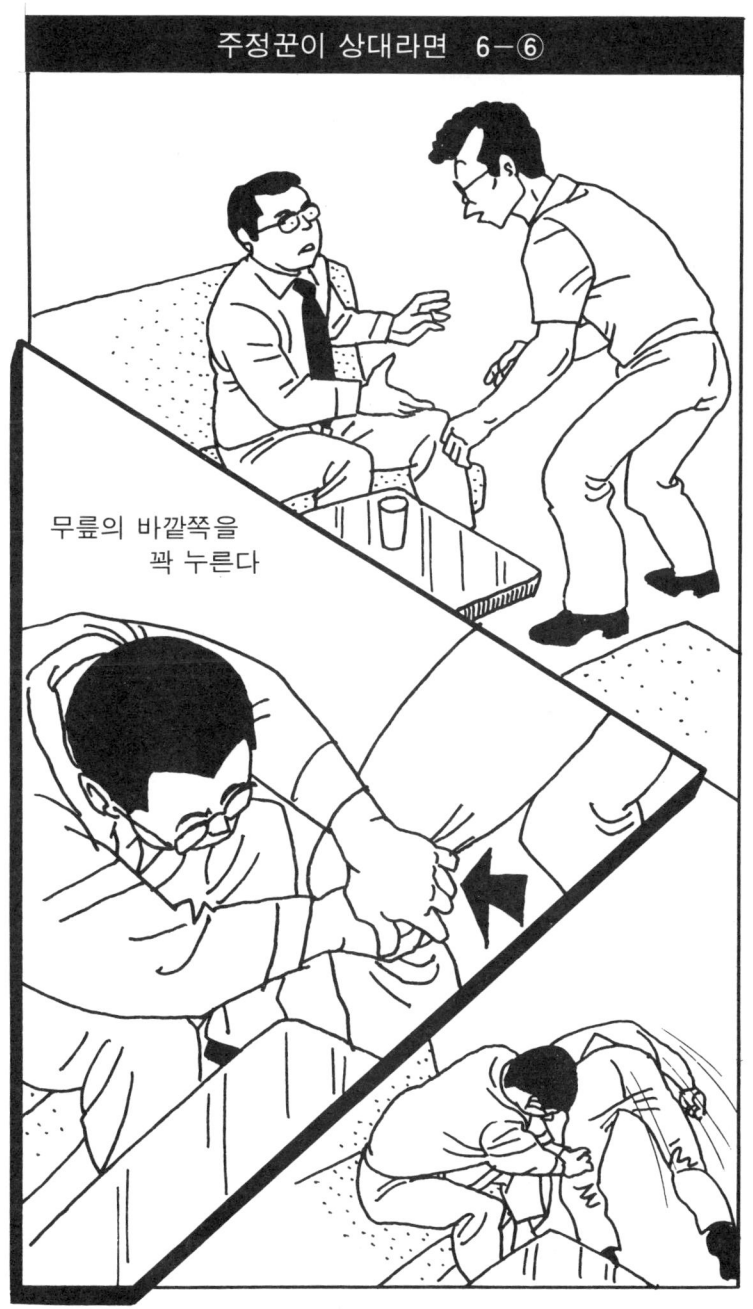

7 팔꿈치 ▶ 양쪽의 팔꿈치를 펴면 힘은 배가 된다

최근에는 여성들 사이에서 유도가 주목을 끌기 시작하고 있다.

그렇지만, 소련에서는 여성이 유도를 배우는 일은 없다. 그래서 이상하게 생각하고 소련에서 유도를 가르치는 친구에게 물어 보았다.

「왜 소련에서는 여성에게 유도를 가르치지 않는가?」그가 한 대답은「그건 간단한 일이야. 소련 여성은 유도 같은 걸 하지 않아도 충분히 세기 때문이야」

확실히 소련 여성의 듬직해 보이는 우람한 체격을 보면 그 말에 순순히 수긍하게도 된다.

동양권의 여성일 경우에는 옛날에 비하면 글래머러스(glamorous) 하게는 되었지만 아직도 가냘프다는 이미지가 있는 것같이 보인다. 그렇기 때문에 치한의 희생물이 되기가 쉽다.

따라서 여성들은 만일의 경우에 대비해서 자기 방어술을 꼭 익혀 주기 바란다.

예를 들면, 치한이 불의에 팔을 잡았다고 하자.

그런 때 여성들은「싫어, 싫어」하는 것같이 어깨나 팔을 좌우로 흔드는 적이 많다.

이 동작을 더욱 효과적으로 하려면 두 손을 끼고 양쪽 팔꿈치를 펴는 것 같은 형세에서 좌우로 흔들것을 권한다. 이렇게 하면 뿌리치는 힘도 강해지고, 제대로 되면 치한에게 팔꿈치치기도 먹일 수 있다.

그리고는 틈을 보아 끼고 있는 두 팔로 상대의 턱을 들어올려 몸을 뒤로 젖히게 되면 달려서 도망칠 여유도 충분히 생겨나게 될 것이다.

7-① 팔꿈치 ▶ 완전히 펴진 팔은 놀랄 만큼 허약하다

치한은, 우선 여성을 다루는데 익숙하지 않고 습격하게 될 경우에는 본인 자신도 흠칫거리는 적이 많다고 생각해도 된다.

필자의 경우, 행인지 불행인지 치한의 경험은 전혀 없지만 그 심리에서 상상해 보면 치한은 먼저 여성의 손목을 잡으려고 할 것이다.

잡힌 쪽으로서는 대개 본능적으로 자기의 소중한 손목을 잃기라도 하면 큰일이라는 식으로 손목을 자기 쪽으로 열심히 끌어당기려고 한다.

그렇지만 유감스럽게도 이것으로는 잡은 상대의 손에서 벗어나는 것은 어렵다.

손목을 잡은 손을 홱 뿌리쳐 버리는 요령은, 한번 자기의 손목을 상대가 잡은 손등 쪽으로 밀어 주는 것에 있다. 그리고는 그 뒤에 곧장 상대의 엄지가 있는 방향으로 홱 끌어당기면 저항없이 뿌리칠 수 있다.

만약에 그래도 계속 끈질하게 손목을 잡으려고 하면 반대로 살짝 끌어당겨 준다.

그렇게 하면 상대의 팔은 막대기 모양으로 다 펴지니, 바로 반격의 찬스이다.

팔꿈치가 접어지는 부분 또는 팔꿈치 바로 위를 겨누고, 이쪽도 자유롭게 움직일 수 있는 쪽의 한 팔로 팔꿈치를 이용하여 힘껏 후려친다.

그대로 쓰러지게 되면 상대의 팔은 완전히 제압당하고 있으므로 치한 쪽이 「용서해 주십시오」 하고 읍소(泣訴)하게 될 것이다.

7-② 손목 ▶ 안쪽으로 구부리는 것만으로도 누구든 비명을 지른다

밤길에서 치한에게 습격당하지 않는 비결은 깊은 밤의 어두운 길을 절대로 혼자서는 다니지 않는다는 것이다.

경찰의 표어 같지만 뭐니 뭐니해도 이것이 상책이다.

그렇기는 해도 사랑하는 이와의 이야기에 그만 시간 가는 줄을 잊었다든지 잔업 같은 부득이한 이유로 밤길을 혼자 걷는 일도 때로는 있을 것이다.

그리고는 그런 때에 갑자기 샛길에서 괴한이 나타나게 된다.

「앗, 습격당했다」고 생각한 순간 몸이 움츠러들어 저도 모르게 멈추어 선다.

그런 여성의 팔꿈치를 괴한의 손이 잡는다……. 영화나 텔레비전에서 흔히 보는 장면이 실제로 생겼다고 한다면?

이런 때는 먼저 가볍게 숨을 내쉬고 냉정해지는 일이다.

만약에 치한의 손이 팔꿈치 바깥쪽 부분을 잡고 있다면 그 손을 뿌리치듯이 크게 안쪽으로 팔을 스윙시키는 것만으로 쉽게 벗어난다.

그리고는 다음으로 그 반동을 이용해서 팔꿈치에서 앞 부분을 치한의 턱에 카운터 펀치로서 먹이고 손등으로 안면을 젖힐 수도 있다.

반대로 치한이 팔꿈치 안쪽을 잡고 있는 경우라면 상대의 팔꿈치를 힘껏 밑에서 쳐올려 벗어나면서 상대의 팔꿈치를 쥔다. 그리고는 상대의 손등에 손을 대고 손바닥 쪽으로 꽉 누른다. 그리고서 상대의 팔꿈치를 앞가슴으로 끌어당기듯이 하면 치한도 무의식 중에 비명을 지르며 도망칠 것이다.

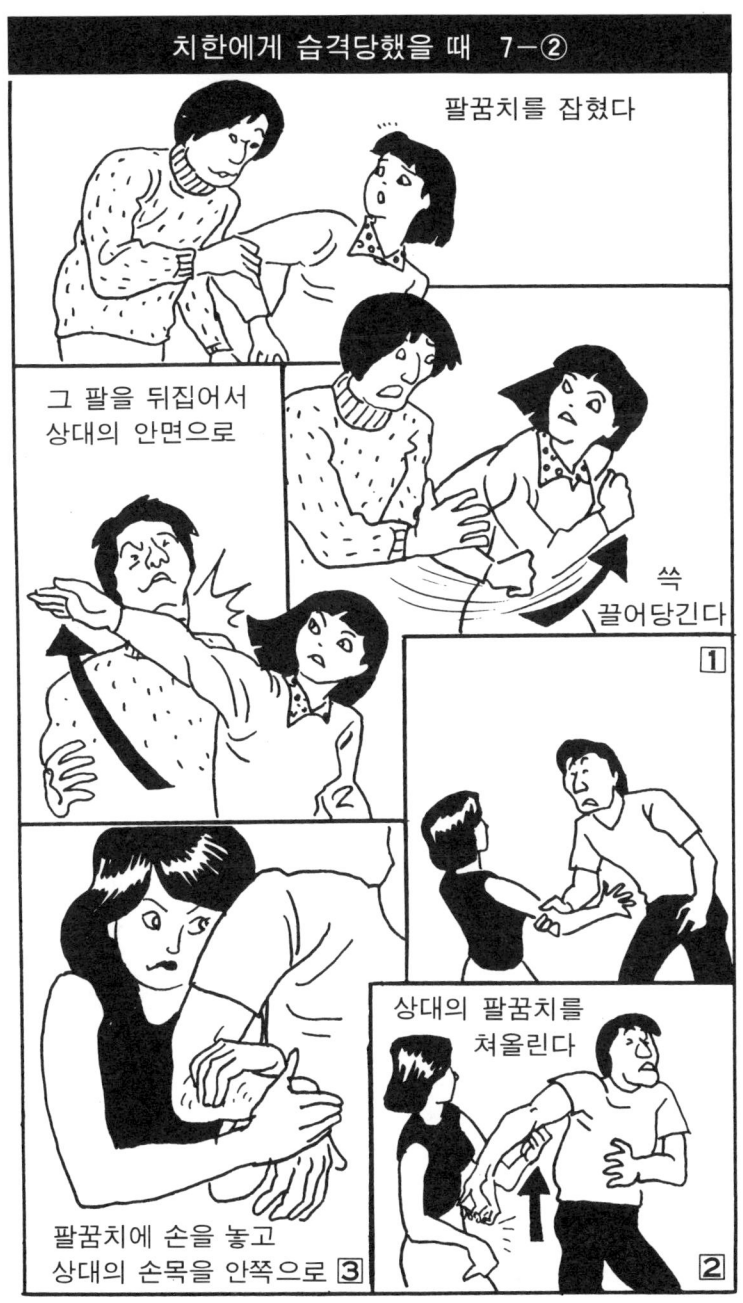

7-③ 팔꿈치 ▶ 상박은 잡혀도 두려울 것이 없다

당신이 괴한에게 갑자기 상박을 잡혔다고 해도 당황할 필요는 전혀 없다.

앞에서 잡혔으면 잡힌 팔을 뒤로 확 끌어당긴다.

뒤에서 잡혔으면 양쪽 비스듬한 방향으로 팔을 스윙시킨다. 이것만으로도 아주 간단히, 상박을 잡으려고 하는 상대의 팔에서 벗어날 수 있다.

설령 상박은 꽉 잡혀 있더라도 팔꿈치에서 앞 부분은 자유로운 것이니 잡힌 쪽 팔의 팔꿈치에서 앞 부분을 바깥쪽에서 안쪽이나 안쪽에서 바깥쪽으로 크게 회전시키는 것으로 간단히 뿌리칠 수도 있다.

또, 잡혀 있지 않은 쪽의 팔을 괴한의 팔꿈치 안쪽 부분에 대고 그 팔을 버팀목처럼 죄고 상대에게 다가서게 되면 비명을 지르게 하는 것도 어렵지 않다.

버팀목이 된 팔의 복사뼈를 이용하면 더욱 효과적이다.

또는, 상박을 잡은 팔의 팔꿈치 바깥쪽 부분에 잡혀 있지 않은 쪽의 손바닥을 대고 그대로 자기의 손금을 보듯이 상대의 팔을 이쪽으로 끌어당긴다.

그렇게 하면 상대를 뒤로 향하게 할 수도 있다.

얼마간 솜씨에 자신이 있는 괴한은 위압적인 태도로 상박을 잡으려고 한다.

상박을 잡혔으면 이런 기술을 상기하고 냉정하게 몸을 지켜주기 바란다.

팔을 잡혔을 때 7-③

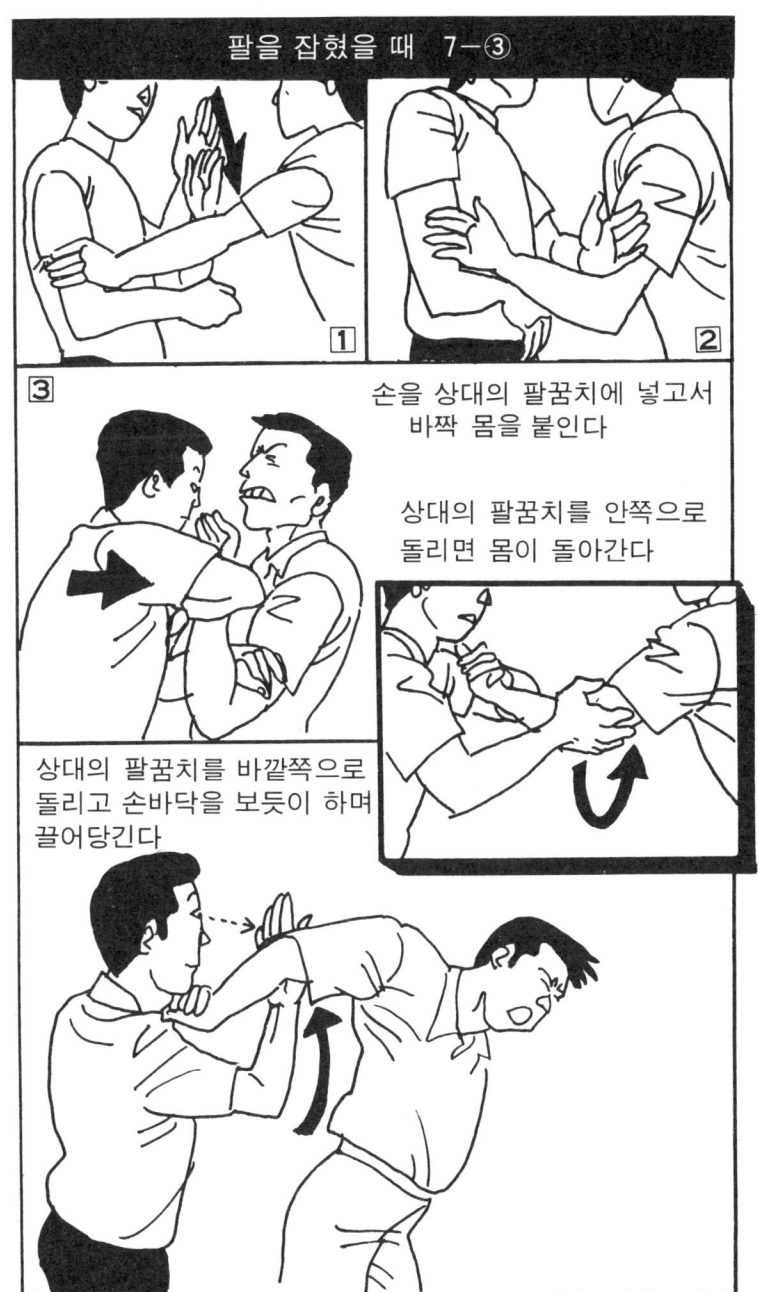

손을 상대의 팔꿈치에 넣고서 바짝 몸을 붙인다

상대의 팔꿈치를 안쪽으로 돌리면 몸이 돌아간다

상대의 팔꿈치를 바깥쪽으로 돌리고 손바닥을 보듯이 하며 끌어당긴다

7-④ 팔 ▶ 체중을 얹으면 어떤 남자도 항복한다

필자가 말하는 자기 방어술만 터득하고 있으면 힘이 없는 여성이라도 힘 안 들이고 치한을 퇴치할 수 있다는 것을 이제는 알 수 있게 되었을 것이다.

그렇다고 해서 세상의 젊은 여성들에게 밤에 놀러다니는 것을 권장하고 있는 것은 아니지만……

그런데, 필자가 생각하는 여성만이 가지고 있는 무기란 그 새된 소리이다.

치한이 껴안은 순간 「엄마야!」 하고 큰 비명을 지르게 되면 벌써 그것만으로도 마음이 약한 치한은 도망치게 될 것이다.

그렇지만 실제로 치한을 만났던 여성들의 이야기를 들어보면, 그런 경우를 당하면 놀라서 숨을 삼켜 버리고 소리가 나오지 않는 경우가 대부분이라고 한다.

그런 때에는 어쨌든 크게 숨을 내쉬어야 한다. 그렇게 하면 큰 소리를 낼 수도 있을 것이다.

따라서 비겁한 치한에게 갑자기 뒤로부터 껴안겼다고 해도 우선 한 번 숨을 내쉬고 마음을 진정시킨 뒤 큰 소리로 도움을 청하면서 치한이 꼭 끼고 있는 두 손을 위로부터 누르고, 다음에는 마치 무서워서 허리를 삐었다는 식으로 뒤에다 무게 중심을 주면서 털썩 주저앉으면 된다.

요령은, 다리를 앞으로 쭉 뻗으면서 주저앉는 것이다. 또는 주저앉으면서 두 발을 낸다.

이 때 양쪽 겨드랑이를 죄면 보다 효력이 강화되는 것이지만, 어쨌든 치한은 팔의 자유를 완전히 빼앗기게 되고 비참하게 항복할 수밖에 없는 것이다.

7-⑤ 손가락▶ 새끼손가락의 공격은 절대로 효과적이다

　남성이라면, 여성을 데이트에 데리고 나온 이상 책임을 지고 그녀 집까지 바래다 주는 것이 당연한 일일 것이다.
　그렇지만 때로는 헤어질 무렵에 말다툼을 하게 되고 화를 낸 여성이 혼자서 돌아가게 되는 경우도 있을 수 있다.
　그런 때, 잰걸음으로 귀로에 오른 그녀의 등 뒤에서 치한이 살그머니 몰래 다가와 재빨리 허리를 껴안는다. 말할 것도 없이 그녀에게 있어서는 도저히 피할 길이 없는 정조의 위기라고 할 수 있다.
　그렇지만 그런 치한을 퇴치할 방법은 얼마든지 있다.
　예를 들면, 상대가 꼭 끼고 있는 손의 손가락 부분을 공격하는 것이라면 여성도 간단하다. 노리는 곳은 인간의 관절 중에서 가장 약하다고 할 수 있는 새끼손가락이다.
　새끼손가락을 잡고 상대의 손등 쪽으로 힘껏 벗기듯이 쳐든다. 이것은 조금만 많이 힘을 주는 것만으로도 새끼손가락이 꺾이게 될 만큼 강렬한 꺾기인 것이지만, 비결은 자기의 새끼손가락을 상대방 새끼손가락의 죽지 부위에 놓고 지렛대의 지렛목으로 삼는 것이다.
　어쨌든 치한은 괴로운 비명을 지르게 될 것이다.
　또한 더 간단히는 끼고 있는 상대의 두 손을 위로부터 꽉 잡아 빠듯하게 모든 체중을 거기에 얹히도록 해도 공격의 효과는 절대적이다.
　사내 대장부라고 해도 손가락의 관절을 단련할 리는 없는 것이니, 거기를 공격하면 가냘픈 여성이 역전승(逆轉勝)으로 무례한 남성들을 손쉽게 퇴치하는 것도 간단하다.

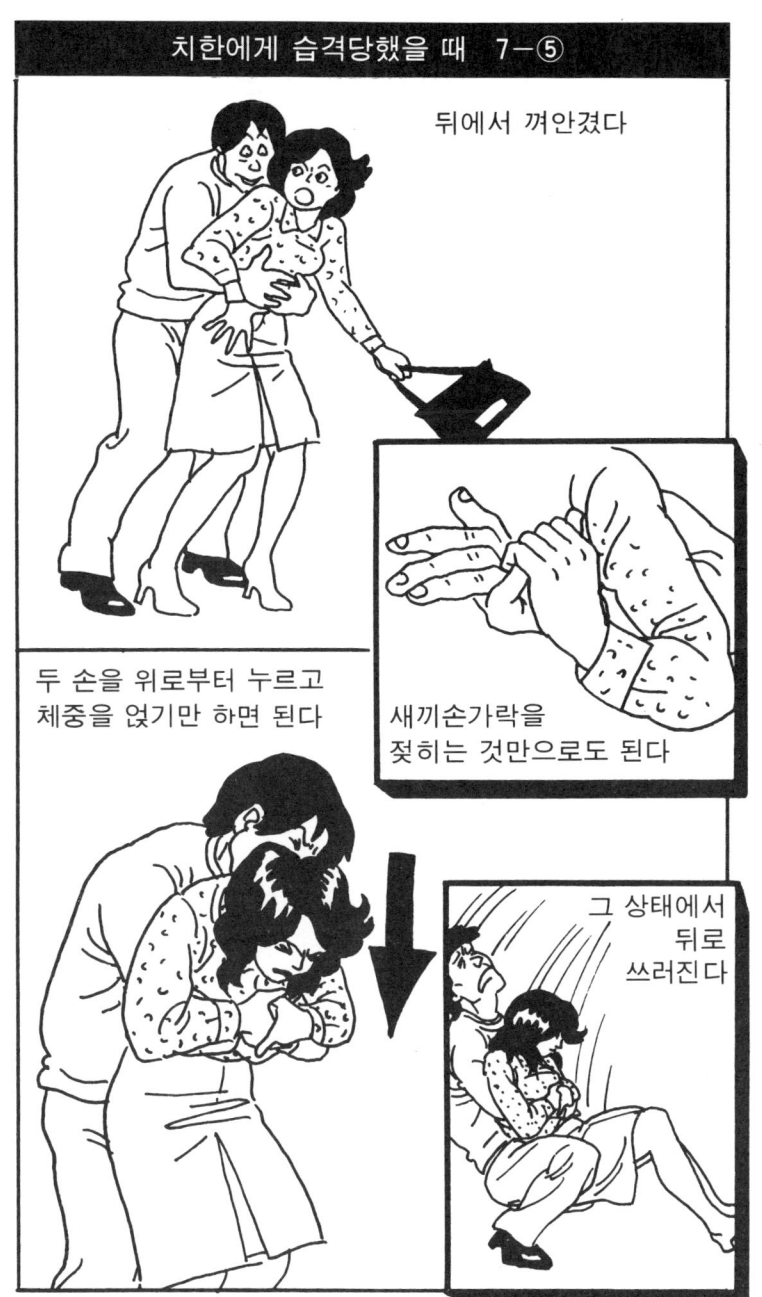

7-⑥ 허리▶ 몸은 나사처럼 돌린다

바닷가는 자칫 개방적이 되기 쉽고 틈도 생기게 된다.

게다가 이쪽도 알몸 상대도 알몸이 되면 지금까지와는 조건이 조금 달라지게 된다.

몸의 어디를 잡아도 미끄러질 테니 잡기가 힘들다. 만약에 여성이라면 더욱 그러하다.

때는 밤, 장소는 바닷가, 인기척이 없다는 것을 확인하고 치한이 달려들었다. 큰 소리를 질러 도움을 청한다고 해도 효과는 기대할 것 같지 않다. 결국 여자의 몸 하나로 어떻게 자기 방어를 하지 않으면 안 되는 것이다.

그럼, 어떻게 하는가 방도를 알아 보자.

뒤에서 껴안았으면 러닝할 때처럼 필사적으로 팔을 흔드는 데서부터 시작해 주기 바란다. 그러는 동안에 상대의 어느 쪽 팔꿈치에 자기 팔을 걸칠 수 있게 될 것이다. 그 걸친 팔꿈치 쪽으로 자랑스러운 히프를 반쯤 빗겨 놓고, 걸친 쪽의 무릎을 대듯이 하며 자신이 나사가 된 요령으로 허리를 빙글 반회전하며 쓰러진다.

이것으로 이미 치한은 공중제비를 하며 지면에 쓰러지게 될 것이다. 여성 쪽도 함께 쓰러지게 되며 제압당하고 있는 상대의 팔꿈치를 더욱 죄게 되면 아주 완전하다.

포인트는, 히프를 반 옆으로 빗겨 놓고 그것을 지렛대의 지렛목으로 삼는 것이다.

한번 지면에서 떨어져 내던져진 인간은 전의를 회복하는 데에 시간이 걸리는 법이다.

그 치한도 바닷가에서 잠시 망연해 있을 테니 그 사이에 재빨리 도망치면 된다.

7-⑦ 손가락 ▶ 손가락 첫째 관절의 뜻밖의 힘

　다시 자기 손을 펴고 첫째 관절을 찬찬히 살펴보기 바란다. 그렇지만 이 첫째 관절이 어떤 도움이 되고 있는가 하고 묻는다면 약간 고개를 갸웃하는 사람이 많은 것은 아닐까?
　고작 전화의 다이얼을 돌리거나 지폐를 셀 때 쓰이는 정도라고 할까…….
　하기야 필자는 그만한 부자가 못되니 지폐를 셀 기회도 없기는 하지만, 자기 방어술에 한해서 말한다면 손가락의 첫째 관절이야말로 매우 중요한 무기가 된다.
　예를 들면, 난폭한 치한이 뒤에서 한 팔로 목을 조르려고 했을 경우도 손바닥으로 치한의 손을 손등으로부터 푹 가린다. 이때 첫째 관절 만큼은 상대의 손가락보다 앞으로 내도록 한다.
　자기의 손가락을 구부리고 상대의 손가락끝을 잡으면 가냘픈 여성의 힘으로도 간단히 상대의 손가락을 잡아뗄 수 있다.
　상대의 손가락 하나 앞을 쥔다는 것이 포인트이다.
　만약에 잡아뗀 손을 그대로 가지고, 상대의 팔꿈치를 위 향하기로 하며 팔꿈치와 자기의 어깨를 지렛대의 지렛목으로 삼아 힘껏 밑으로 끌어당기면 치한은 이제 팔꿈치의 고통에 견디지 못한다.
　또 뒤에서 겨드랑이 밑으로 양팔을 넣어 목덜미를 꽉 죄게 되면 목을 힘껏 뒤로 하고 후두부로 치한의 콧등을 일격한다.
　이어서 히프를 전후로 한 번 흔들어 급소 부위를 공격하고, 끝으로 발뒤꿈치로 상대의 발끝을 힘껏 밟으면서 뒤로 허리를 낮추면 상대가 KO당하는 것은 확실하다.

8 손가락 ▶ 엄지를 쥐는 것만의 치한 격퇴법

여성의 심리란 참으로 복잡한 것인 듯, 전철안에서 한 번도 치한에게 당한 적이 없다는 것은 기쁜 일이 아니라 반대로 콤플렉스가 된다고 한다.

그렇지만, 그렇게는 말해도 역시 실제로 치한에게 피해를 입는 것은 기분이 좋은 일일 리가 없다.

전철안의 치한이란 것은 혼잡한 틈을 타서 나쁜 짓을 하고 있기 때문에 그렇게 간단히는 발견되지 않을 것이라는 생각을 하게 된다.

거기다, 만일에 발견된다고 해도 피해자인 여성이 「이 사람은 치한입니다」 하고 말하지는 않는다고 안심한다.

이런 사람은 역시 한번 혼내주어야 할 것이다.

치한이 슬쩍 손바닥으로 엉덩이를 만지러 왔을 때는 재빨리 치한의 엄지를 쥐어 버리는 것이 가장 손쉽다.

그리고는 겨드랑이를 죄어 상대의 팔을 끼면서 그 엄지를 힘껏 젖혀 주면 이제 치한은 「항복이다, 살려달라」고 말할 수밖에 없는데, 이 때 효과를 거두는 요령은 상대의 손목인 곳에 지렛대의 지렛목을 만드는 것에 있다.

또는, 손가락의 첫째 관절 끝을 쥐는 식의 방식으로 치한의 한 손 손가락 전부를 잡아 힘껏 손목을 반대로 젖혀 주고 다시 그 상태에서 바로 위로 쳐들어 준다.

물론 「이 사람은 치한입니다」고 소리치면서 하면 완벽하다.

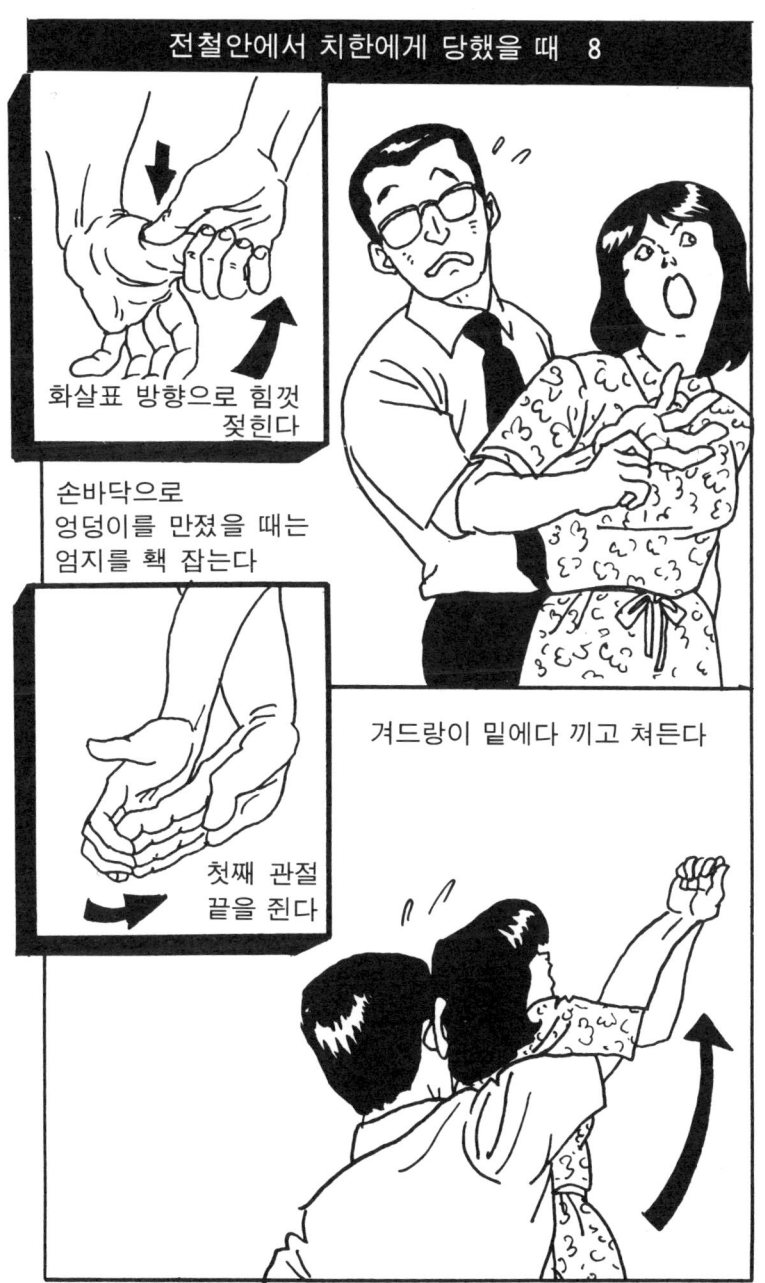

8-① 팔▶ 겨드랑이 밑에 팔을 끼면 된다

 이것은 정말로 거짓 없는 정직한 말이지만, 필자는 치한이 된 체험이 한번도 없다.
 하기야 전철에서 참으로 매력적이고 글래머러스한 여성과 동승했을 때 그 멋진 바스트나 히프를 만져 보고 싶다는 욕망을 갖은 일조차 한번도 없다고 하기까지는 도저히 말 못한다.
 그렇지만, 생각해 보면 만지고 싶다는 것과 막상 실제로 만져 보는 것과는 하늘과 땅 만큼의 차이가 있을지도 모른다.
 그리고 만약에 큰 마음 먹고 대담하게 만지기 시작했다고 해도 처음에는 당당하게 손바닥으로 히프를 두루 어루만지며 그 감촉을 즐기는 데까지는 가지 못한다고 한다.
 치한의 초심자라면 먼저 손등으로 히프를 대충 만지는 정도에서 치한도(痴漢道)에 입문해 가는 모양이다.
 악의 싹은 일찍 없애는 편이 좋다고 흔히 말들 하므로 치한으로서도 초심자일 때에 붙잡아 버리는 것이 의미 있는 일이다.
 그래서 실제로 손등으로 엉덩이를 만지기 시작했을 경우의 대책인데, 그 손을 홱 잡아 끌어당기고 겨드랑이 밑에다 끼도록 해서 위로 쳐들게 하는 것이 가장 간단하다.
 「치한은 누구?」「예, 나요」 하고 자진해서 고백하고 있는 것 같은 꼴이 되고 있는 것으로 정말 꼴사납다.
 이와 같은 동작을 만약에 만지려던 치한의 손과 악수하는 모양으로 하면 그 효과는 더욱 크다.

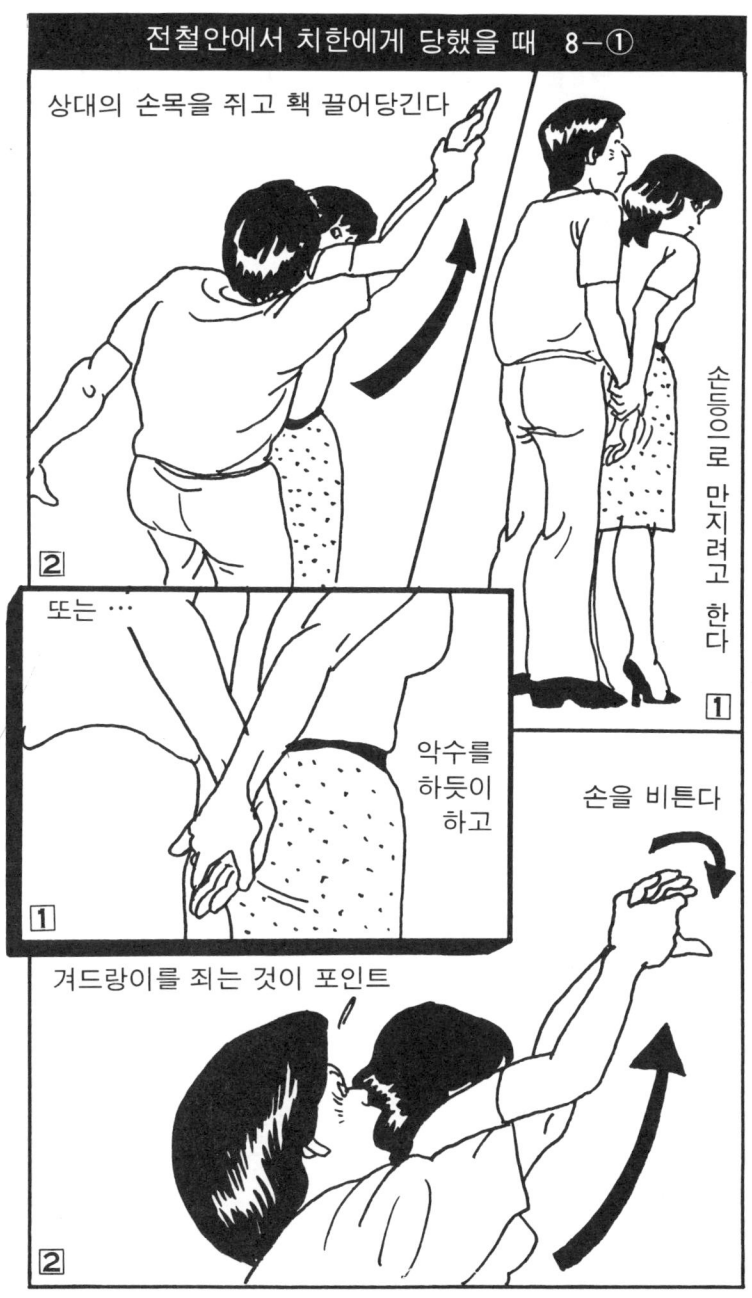

8-② 발▶ 어떤 상대도 반드시 횡전(橫轉)하는 발뒤축의 지렛목

　필자 나름의 자기 방어술을 젊은 여성들이 꼭 익혀 주기만 한다면 전철안에서 여성에게 장난질을 치려고 하는 사내의 수도 상당히 줄게 될 것이다.
　그렇지만 현재로서는 통근시의 전철안은 사실 치한이 적지 않아, 개중에는 히프를 만지는 것만으로는 미흡해서 여성의 두 다리 사이에 뒤로부터 한 발을 들이밀고 무릎으로 공격해 오는 것 같은 용서 못할 작자도 있다.
　여기까지 이르는 치한에게는 이제 온정은 필요없다. 나쁜 짓을 하면 그런 만큼 대갚음이 있다는 것을 가르쳐 줘야 할 것이다. 그런데, 유사시에 실제로 혼내주는 방법인데, 치한이 발을 끼어 넣었다고 한다면 그 발뒤축 뒤로 자기의 발끝 부분을 가져 간다. 이것만으로도 벌써 준비가 끝난 셈이다.
　다음은 여성이 허리를 낮추어 가기만 하면 된다.
　이것은 말하자면 상당히 강력한 기술로, 상대의 뒤에 받침이 아무것도 없고 게다가 힘껏 재빨리 허리를 낮추기만 한다면 상대는 아킬레스건이 끊기거나 인대를 상하게 되고, 또는 무릎 관절을 망치게 되는 등 어쨌든 간에 중상을 입게 마련이다.
　물론, 아무리 질이 나쁜 치한이라고는 해도 그렇게까지 한다면 과잉 방어가 아닐 수 없다.
　따라서 실제로 할 때에는 가죽 손잡이를 잡고 자기의 팔이 뻗치는 한계까지 허리를 낮춘 데서 정지한다.
　만원인 전철이면 치한의 뒤에 사람들 벽이 있을 테니 알맞은 충격으로 끝나게 된다.

8-③ 어깨 ▶ 여성의 힘으로 어깨 관절은 간단히 삐게 할 수 있다

치한은 자기의 욕망에 대해 억제를 못하는 모양이다.

따라서, 전철에 타고 있을 때에 옆 자리에 멋지게 부풀어오른 바스트의 여성이 있으면 저도 모르게 팔꿈치가 자동적으로 움직여서 그 부풀어오른 바스트를 쿡쿡 찔러 보게도 되는 것이다.

따라서, 당연히 그러한 팔꿈치의 공격에 대한 방어법도 알아 두는 편이 좋다.

이것도 각별히 어려운 일이 아니며 힘이 없는 여성이라도 손쉽게 할 수 있는 방법이다.

우선 곧바로 옆에서 닿게 되는 치한의 팔꿈치에「그만두지 못해요?」라고 하면서 자기의 손목을 넣는다.

그리고는 남은 한 손으로 치한의 손목 부분을 누르면서 상대에게 매달리듯이 하는 것만으로도 벌써 완벽하게 나쁜 짓을 한 그 팔을 제압할 수 있는 것이다.

또, 그 잡은 팔에 매달리듯이 하고 모든 체중을 얹으면 어떻게 되는가……?

상대가 아무리 튼튼한 뼈대를 가진 사내라고 해도 간단히 어깨의 관절을 삐고 마는 것이다.

어깨의 관절을 삐면 진짜로 비지땀을 흘릴 정도로 고통스러운 법이다.

말할 것 없이 치한에 대해 쓰기에는 과잉 방어이다.

그렇지만, 도저히 피할 길이 없는 위기에 놓였을 때의 자기 방어로서 익혀 놓으면 쓰일 때가 있을 것이다.

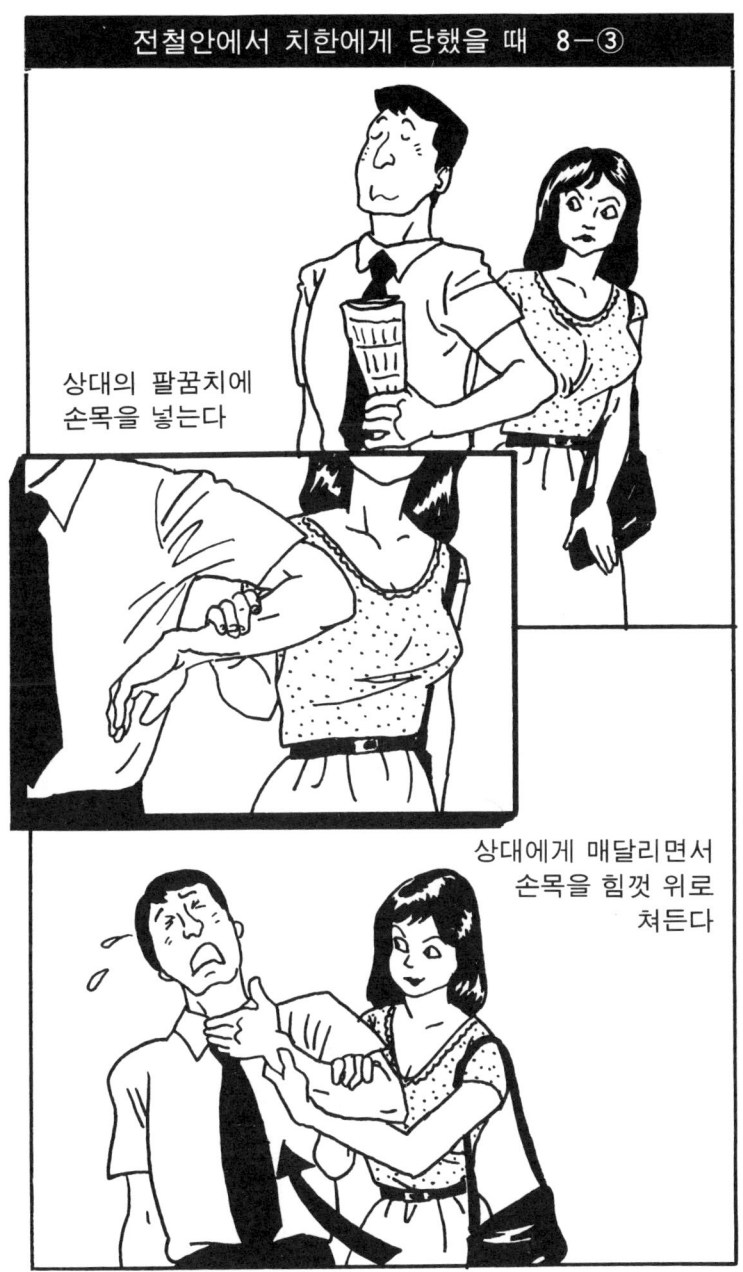

9 가랑이 ▶ 의외로 알지 못한 진짜 맹점

필자는 옛 검술서(劍術書)를 자주 읽는데 그 중에는 현대의 자기 방어술에 도움이 되는 부분이 많다.

예를 들면, 최근 읽은 "개가 보고서도 짖지 않게 되면 검사(劍士)도 제구실을 한다"고 하는 것 같은 대목에도 과연 그렇구나 하고 수긍이 간다.

개라는 동물은 민감해서 수상하게 보이거나 살기에 차 있는 인간에 대해서는 반드시 짖어댄다.

개가 보고서도 짖어대지 않는 것은 수상하지도 살기에 차 있지도 않은 무에 가까운 상태로, 그렇게 되어야만 검사로서도 진짜라고 할 수 있는 것이다.

유도, 삼보, 레슬링 등 현재 격투기의 세계에 있는 사람 중에 정말로 센 사람은 뽐내지도 않고 일반 사람들에게 싸움을 거는 일도 없다.

그렇지만, 약간의 격투기를 익힌 사람이면 강하다는 것을 과시하려고 일반인에게 싸움을 걸 적이 있다.

그런 때에는 때리려고 달려드는 데를 곧장 겨누어 상대의 팔을 끌어당기는 것이 선결이다. 그리고는 끌어당기면서 적의 뒤에 붙어서 가랑이 밑으로부터 상대의 급소를 확 잡는다.

상대가 본능적으로 그 손을 뿌리치려고 하면 그 손을 꼭 잡고서 끌어당긴다.

이 기술이 제대로 먹혀지면 아무리 솜씨에 자신이 있는 사람이라도 어떻게 할 도리가 없는 것이다.

9-① 심리(心理) ▶ 싸우지 않고서도 몸을 지키는 비밀의 방법

또 한가지, 검도의 비전에는 "권법(拳法)으로 주먹 자세를 취한 상대에 대해서는 주먹에만 눈을 주라"고 하는 가르침이 있다.

이것은 권법을 쓰는 상대와 대전할 때 몸 전체의 움직임을 보게 되면 현혹될 뿐이니 주먹의 움직임을 보는 것에만 전념하라, 주먹의 움직임 뿐이라면 충분히 파악할 수 있을 터이니 승기는 꼭 있다는 뜻인 것이다.

그렇지만 기예에 소양이 없는 당신이 당수 유단자의 주먹 움직임을 파악하려고 아무리 눈을 크게 떠도 보이는 것은 아니다.

그처럼 당수의 움직임은 스피디하고 파괴력도 엄청나다.

당수의 주먹은 흉기라고까지 생각할 정도이니, 만약에 당신이 자기 방어술을 과시하고 당수에 소양이 있는 사람과 맞선다면 큰 상처를 입기가 고작이다.

물론, 아직도 불과 당수 초심자에 지나지 않는 사람이 상대라면 이 책에서 설명한 방어술로도 충분히 통용된다.

그럼 만일에 진짜 당수 유단자와 싸우게 되었을 경우, 이것은 어쩔 수 없이 말로 방어하는 수밖에 없다.

「정말로 당수에 강한 사람은 약한 자를 괴롭히지는 않을 것입니다. 당신이 세다면 나 같은 것을 상대해서 어쩌자는 겁니까?」하고 치켜세우며 상대에게「나는 강자이기 때문에 약한 자를 괴롭힐 수 없다」고 생각하게 한다.

싸우지 않고 몸을 지키는 감언이설이란 기술이다.

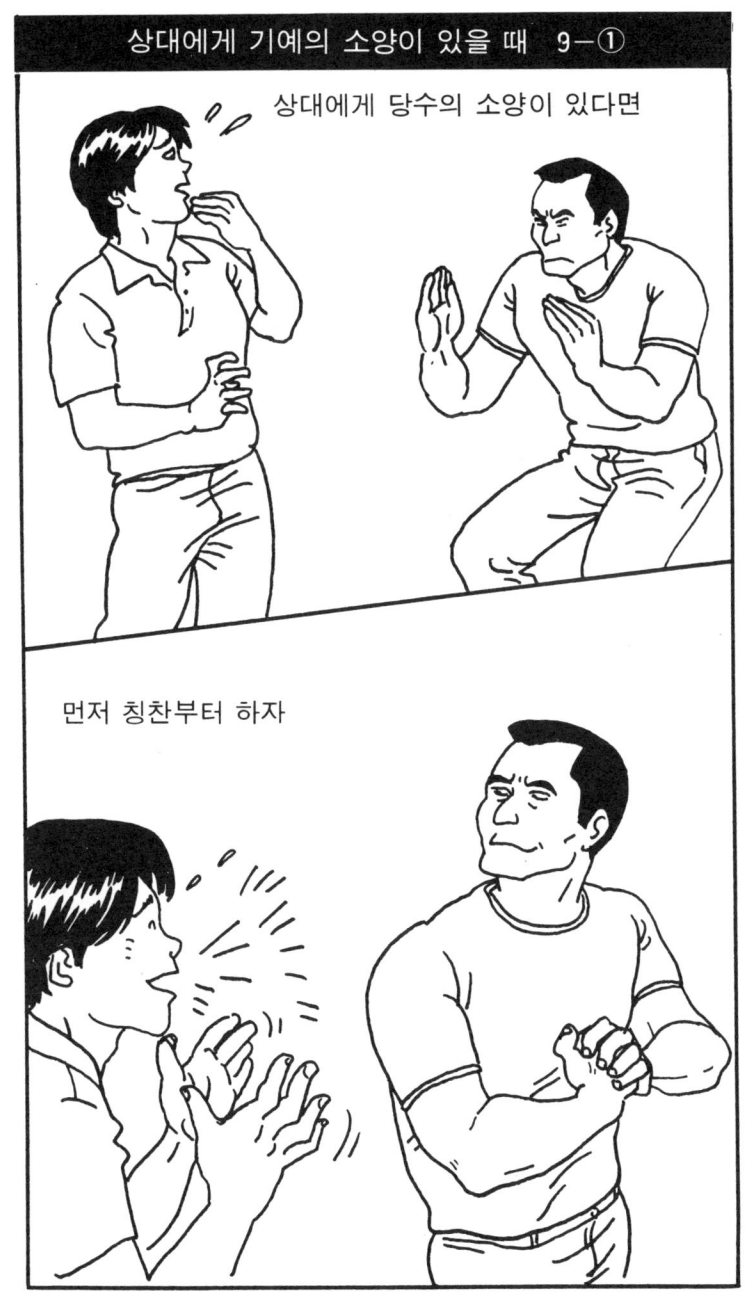

9-② 손목 ▶ 권투 선수에게도 있는 주먹의 약점

　권투 선수 퇴물 같은 자는, 싸움하게 되면 「이봐, 너 덤벼볼 테야?」하면서 주먹을 가지런히 하고 자세를 취할 적이 많다.

　그런 때 진짜로 권투를 한 적이 있는지 아니면 단순히 엄포를 놓으며 권투 선수의 흉내를 내고 있을 뿐인지를 한방으로 간파할 수 있는 방법이 있다.

　정확히 주먹의 방향을 보면 된다.

　손목이 힘껏 안쪽으로 구부러 있으면 권투에 소양이 있다. 주먹이 평행으로 가지런히 있는 것 같으면 가짜다.

　권투는 맨손으로 주먹질을 하는 것은 아니다. 붕대를 두텁게 칭칭 감고 그 위에 글러브를 끼기 때문에 마침 손등 부위에 너클이 생긴다.

　거기서 가격하게 되므로 손목을 안쪽으로 구부리지 않으면 안 된다.

　그리하여 그것이 권투 선수 퇴물로부터 몸을 지킬 경우에 절호의 표적이 된다.

　권투 선수 퇴물이 자세를 취했을 때 「죄송했읍니다. 그만두세요」라고 하면서 접근하여 상대의 한쪽 손목을 누르고 또 한쪽의 손바닥으로 상대의 주먹을 안쪽으로 꽉 밀어 준다.

　안쪽을 향했던 주먹이 더욱 안쪽으로 구부러지는 것이니 이것은 고통스럽다.

　이 때 상대의 팔꿈치를 끌어안으면 완전하지만, 그 태세에서 「얌전하게 굴지 않으면 손목을 꺾을 테다」라고 한마디 하게 되면 상대는 틀림없이 항복하게 된다.

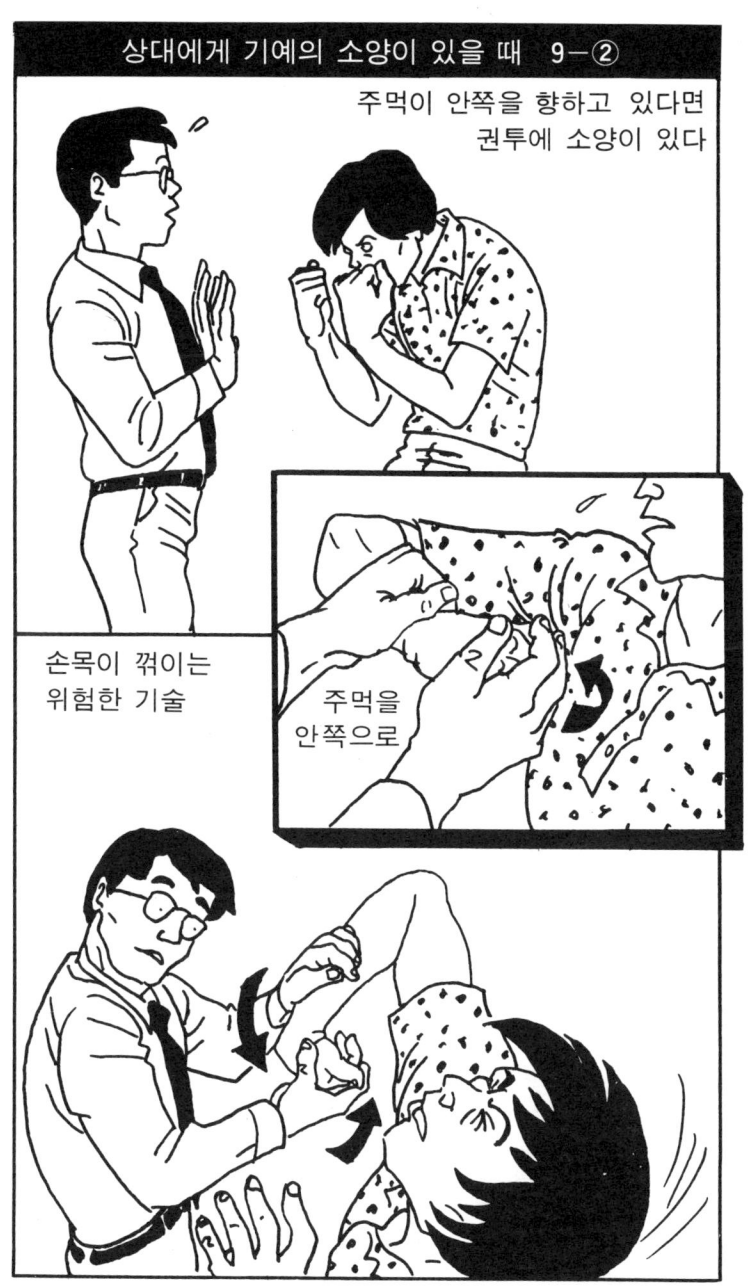

9-③ 주저앉다 ▶ 유단자에게 풋나기가 이기는 이런 기술

유도란 문자 그대로 "유(柔)의 도(道)"이다.

도를 터득하려는 사람이 밖에서 함부로 싸움질을 하고 약한 자를 괴롭혀서 좋을 리가 없다.

실제로, 필자를 포함해서 유도를 하는 사람이 싸움질을 했다는 말은 별로 들은 적이 없다.

무엇보다도 그 사람이 만약에 현역의 유도 선수라고 한다면, 이제부터 1단씩 승단(昇段)해서 자꾸 강해진다는 장래의 꿈을 하찮은 싸움질로 망치고 만다.

아마도 「나는 유도 2단이다. 그래도 덤비겠다면 밖으로 나가자」고 뽐내며 싸움을 거는 자는 학생 시절에라도 조금 유도를 익히다가 그대로 그만둔 것 같은 사람일 것이다.

그 정도의 상대라면 쉽게 몸을 지킬 수 있다. 두려울 것은 없다.

유도를 한 사람은 멱살(깃의 등 쪽 부분)을 잡으려고 드는 적이 압도적으로 많다. 그리고는 받다리후리기든지 허벅다리걸기 같은 기술을 써서 공중으로 차올리려고 하는 것이다.

당신은 털썩 지면이건 바닥 같은 데에 주저앉아 버리면 그것으로 된다.

필자 같은 기술이 좋은 사람이라도 주저앉아 버린 상대를 메치는 것은 좀 어렵다.

시합이라면 누워서 하는 기술로 가져가겠지만, 밖에서는 자기의 신사복을 더럽히면서까지 일부러 수를 걸려고는 하지 않을 것이다.

결국 어떻게 할 수 없어서 상대도 체념하지 않을 수 없다.

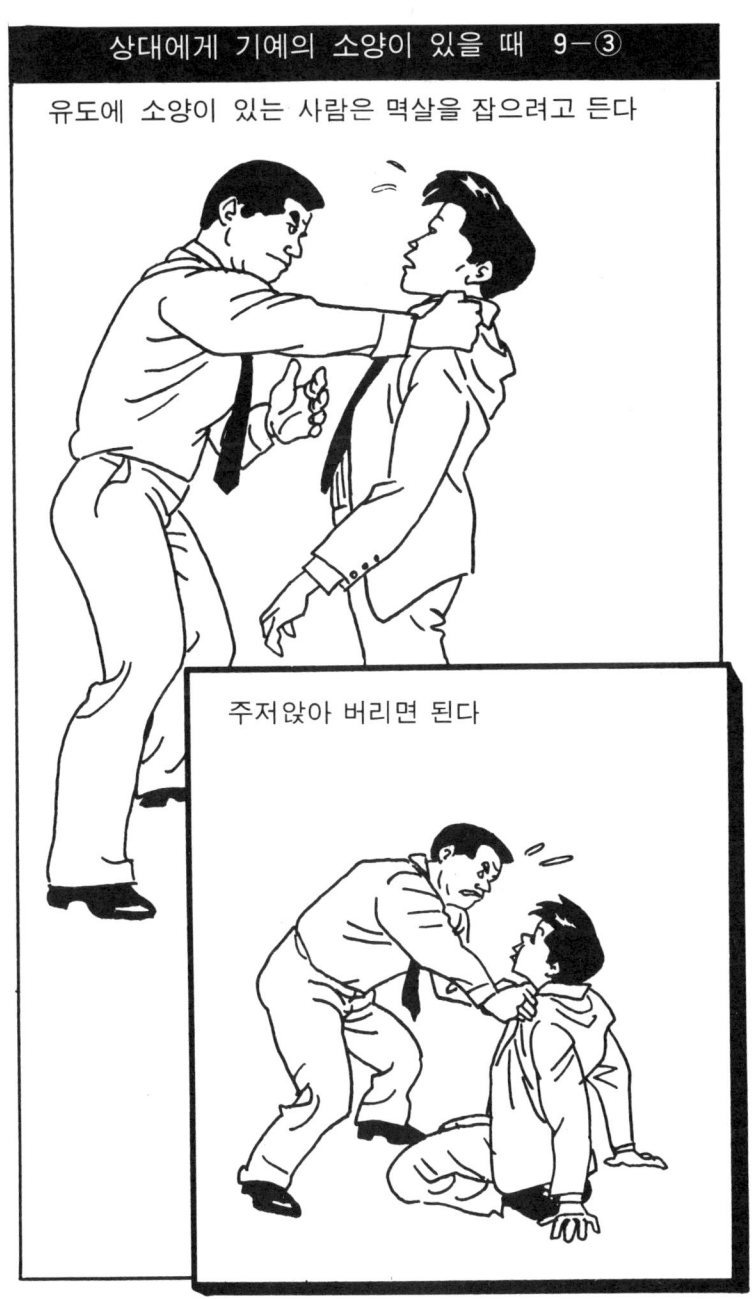

9-④ 발 ▶ 검도에 소양이 있는 사람은 옆 공격에 약하다

　옛날처럼 무사가 활보하던 세상이라면 검술에 소양이 있는 자에게 맞선다는 것은 죽음을 각오하지 않으면 못할 일이었을 것이다. 아뭏든 상대는 베면 피가 나게 마련인 틀림없는 진짜 칼을 차고 있었으니 하는 말이다.
　검도를 배운 사람의 약점을 가르쳐 주겠다.
　그것은 두 다리를 곧게 일직선으로 가지런히 서게 된다는 것이다. 이런 발의 자세이면 옆으로부터의 흐트리기에 대해서는 전적으로 약하다.
　따라서 당신은 자세를 낮추고 두 손으로 상대의 무릎을 비스듬히 옆 방향으로 밀어내면 상대의 태세가 흩어진다.
　또, 뒤쪽으로 물러나 있는 쪽의 어깨를 세게 밀어 주면 앞쪽의 발이 뜬다.
　그 발을 잡으며 상대의 품으로 뛰어들어 상대의 축이 되는 발의 발뒤축 뒤에 자기의 발을 넣으며 몸 전체로 상대를 밀면 상대는 엉덩방아를 찧는다.
　어쨌든, 발을 옆으로부터 공격하면 어떻게든 되는 셈이다.
　만약에 불행하게도 상대의 손에 막대기 같은 것이 쥐어졌다면 이번에는 만만치 않다.
　이런 때에 짬을 내고 있기라도 한다면 당하는 것을 기다리는 것이나 마찬가지이기 때문에 태클을 하듯이 허리에 매달리거나, 혹은 상대의 상박을 들고서 겨드랑이 밑에 단단히 매달려 상체와 체중을 이용해서 힘껏 후퇴하는 허리를 꺾는 식의 형세로 허리를 편다. 이것이면 상대도 모처럼 쥔 막대기의 용도가 없어지게 된다.

상대에게 기예의 소양이 있을 때 9-④

검도에 소양이 있는 사람은 두 다리를 곧장 일직선으로 가지런히 하고 선다

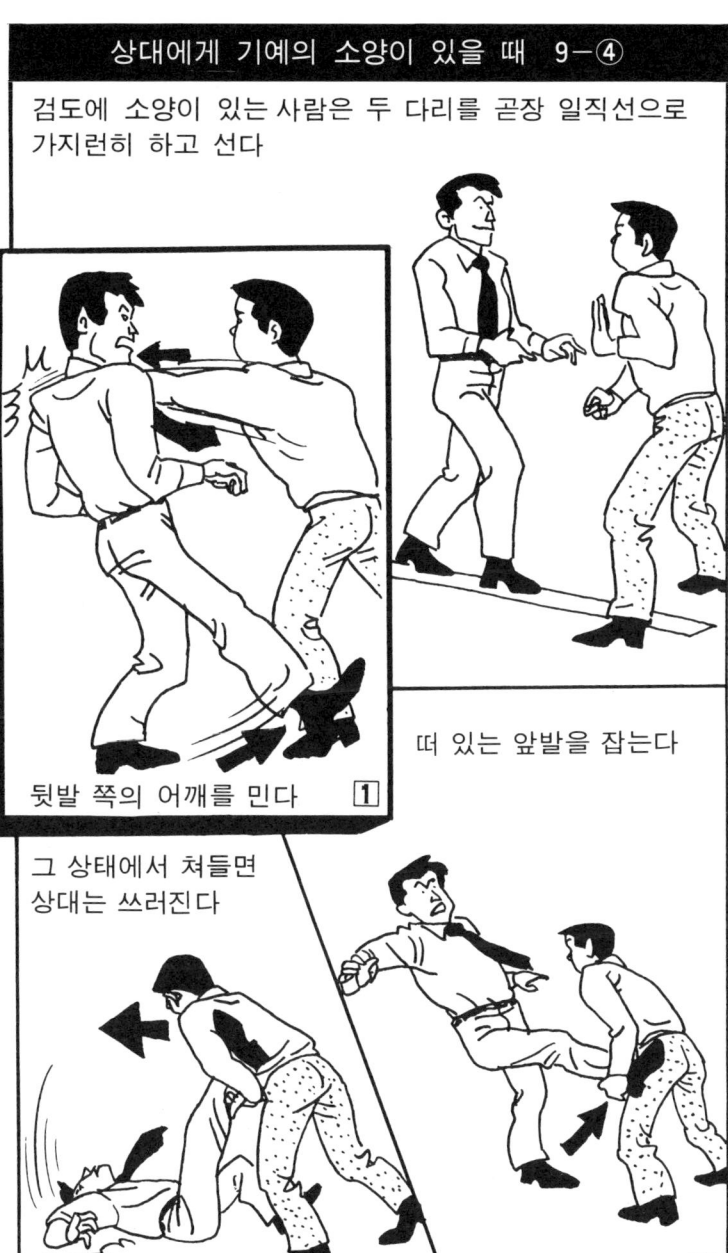

뒷발 쪽의 어깨를 민다 1

떠 있는 앞발을 잡는다 2

그 상태에서 쳐들면 상대는 쓰러진다 3

10 옆으로 도망치다 ▶ 칼을 든 상대로부터 몸을 지키는 결정적 기법(技法)

한마디로 흉기라고 해도 종류는 여러 가지가 있다.

돌을 들고 있는 정도라면 때리려고 하는 경우와 마찬가지로 생각해서 제대로 팔을 제압할 수만 있다면 조금도 겁나지는 않다.

처치 곤란한 것은 역시 칼이다. 칼을 든 상대로부터 몸을 지키자면 그에 상응하는 배짱이 필요한 것이다.

칼에 대한 기본적인 방어법은 뭐니 뭐니 해도 도망치는 것이 상책이다.

단, 등을 보이고 도망치는 것은 언제 등을 푹 찌를지 모르기 때문에 위험하다. 뒷걸음질치면서 옆으로 도망친다. 그것도 칼을 들고 있는 쪽으로 도망치는 것이 요령이다.

칼로 찌르려고 할 경우, 손목을 밖으로 향해 찌른다는 것은 힘들기 때문이다. 그나마 도망칠 수 없게 된다면 무릎과 발뒤꿈치를 「Z」자 모양으로 구부린다.

대체로 칼을 가지고 공격하자면 팔꿈치에서 위쪽을 찌르는 것이 자연스런 동작이다.

따라서 위를 보고 반듯하게 누운 사람이라면 찌르기 힘든 것인 데다 두 발을 끊임없이 움직이고 있으면 상대의 칼을 떨어뜨리게 할 수도 있는 일이다. 포인트는 발목, 장딴지, 대퇴를 Z자 모양이 되게 하는 것이다.

발목과 대퇴가 「Z」의 횡봉(橫棒), 장딴지가 사봉(斜棒)에 해당한다.

이것으로 강인하고 재빠른 발 놀림을 할 수 있다.

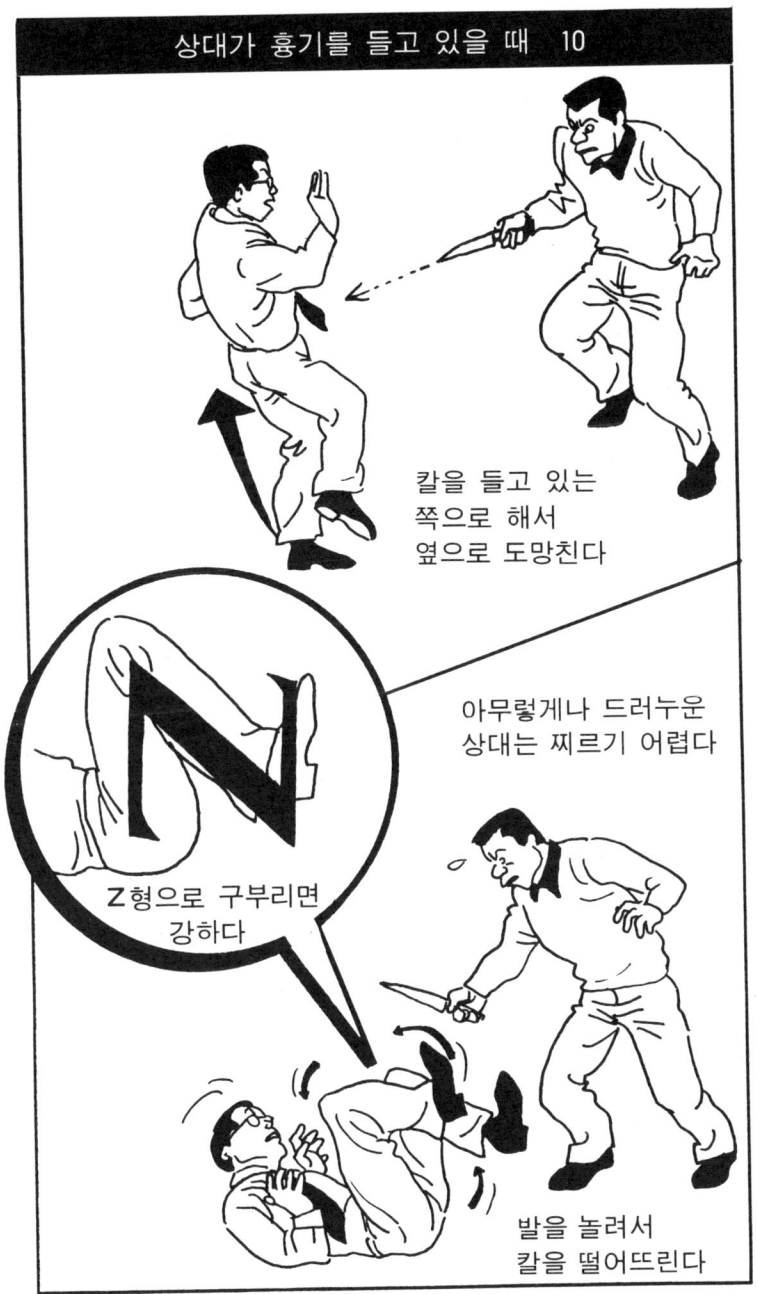

10-① 칼▶ 이것만 알아 두면 목숨을 잃지 않는다

　요즘은 제2차 각성제 붐이라 머리가 이상해진 자들이 여기 저기에 많이 있다.
　당신이 한가롭게 오후의 길을 산책하고 있을 때에 바로 정면에서 식칼을 든 사내가 부딪쳐 오는 일이 오늘이라도 있을 수 있는 일인 것이다.
　그런 때 물론 도망칠 수 있다면 도망치는 것이 상책이다.
　하지만 이미 아주 가까운 거리에서 마주 서고 도망칠 틈이 없다고 한다면 어쨌든 반신(半身)의 자세를 취하는 것이 선결이다. 반신이 되면 상대의 공격 면적이 적어지는 셈인데, 그만큼 칼에 찔리는 확률도 적어지게 되고 설령 찔린다고 해도 치명상을 입는 일은 거의 없다.
　깡패끼리의 싸움에서 칼을 사용할 때는 대퇴를 찌르는 경우가 가장 많다고 한다.
　즉, 대퇴를 찌르면 상대는 더 움직이지 못하게 되고 쉽게 도망칠 수 있다.
　어지간한 원한이 아닌 한 배나 가슴 같은 치명적인 부분은 찌르지 않는 것이 싸움의 프로라고 하는 것이지만, 각성제 중독자 같은 경우는 태연히 배나 가슴을 찌르게 된다.
　따라서, 반신의 자세에서 공격을 피하고 있는 동안에 상대가 에스컬레이트해지면 이제는 되든 안 되든 상대의 품으로 뛰어들어 칼을 든 팔에 매달려 붙잡고 늘어진다.
　다소의 상처는 입어도 목숨만은 살릴 수 있을 것이다.

10-② 칼 ▶ 웃옷만으로도 훌륭한 무기가 된다

맥주병을 카운터에 내팽개쳐서 깨고 그 깨진 아가리의 까칠까칠한 쪽을 들이대며 사나이가 치려고 달려든다.

홱 바닥에 굴러서 일격을 피하고, 권총을 허리에서 빼들고「손들어!」

영화에서는 우선 이것으로 그 자리는 수습된다. 그렇지만 현실적으로는 이렇게 되지 않는다.

그럼 어떻게 하는가?

포인트는 상대의 눈을 현혹시키는 것에 있다.

과거에 필자가 레슬링을 하고 있었을 때, 마치 강아지풀처럼 필자의 눈앞에서 손바닥을 팔랑거리고 현혹하는 선수가 있어 꽤 하기 힘들었던 일을 기억하고 있다.

그렇지만 상대가 무기를 들고 있는 것이라면 손바닥의 현혹 정도로는 어림도 없다. 가장 좋은 것은 자기가 입고 있는 웃옷을 벗어서 그것을 빙글빙글 상대의 눈앞에서 휘두르는 방법이다. 이 때 손가락 한두 개를 갈고리 모양을 하여 이 손가락으로 웃옷을 걸고서 휘두르는 것이 요령이다.

미국의 똘마니는 대체로 가죽 잠바를 입었고 일본의 똘마니는 헐렁헐렁한 웃옷을 입고 있을 적이 많다.

생각해 보면 그것은 단지 으스대기 위한 것만이 아니라 이런 때의 반격에 유리하기 때문일 것이다.

핸드백이나 벨트를 빙글빙글 휘두르는 것도 된다.

상대는 당신에게 좀처럼 접근 못하며, 제대로 명중하면 단 한 번으로 칼을 후려쳐 떨어뜨릴 수도 있다.

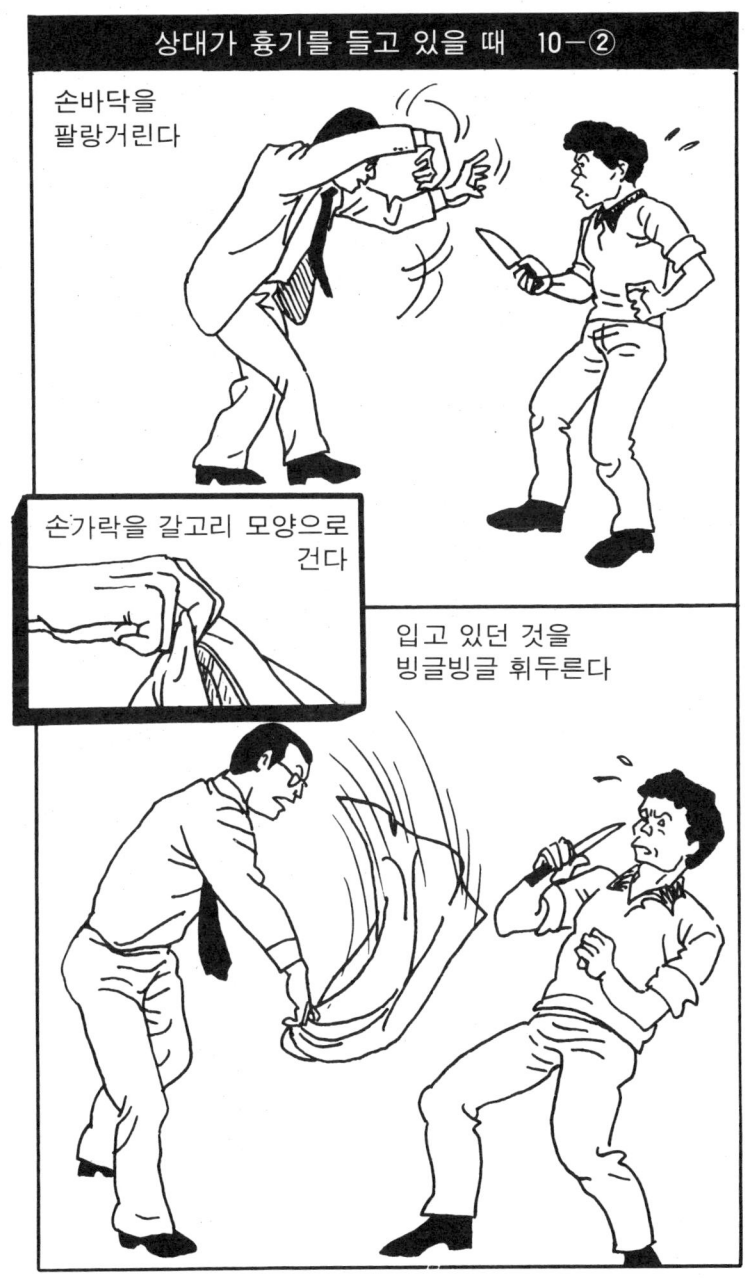

11 머리 ▶ 박치기는 손바닥을 가장 싫어한다

두개골은 소중한 뇌를 단단히 지켜주고 있는 것이니 박치기는 확실히 강력한 무기이다.

실제로 싸움에 숙달한 사람은 박치기를 잘한다.

키가 작은 사람이 웅크린 자세에서 힘을 내어 발돋움하고 공격해 오는 타입의 박치기는 무섭다.

정면으로 맞기라도 한다면 앞니 정도는 어이없게 부러뜨리고 만다.

이 박치기를 간파하자면 상대의 움직임을 잘 살펴야 한다. 반드시 반동을 주게 되기 때문이다.

그래서 가장 간단한 방어법은 자기의 안면을 재빨리 두 손으로 방어하는 일이다.

손바닥을 상대쪽으로 돌려서 하는 것이 비결로, 이쪽이 손등으로 받기보다도 박치기의 충격을 적게 할 수 있다.

검술서(劍術書)에 "돌은 솜으로 싸라"는 것이 있다.

이것은, 돌을 돌로 받으면 반동이 커지지만 돌을 솜으로 받아내면 반동이 완화된다는 것이다. 머리가 돌, 손바닥이 솜이 되는 셈이다.

그 외에도「바람에 나부끼는 싸리, 눈에 꺾이는 소나무」라는 것도 있다.

공격을 받았을 때에는 바람에 나부끼는 싸리 같은 유연성이 필요하다고 가르치고 있는 셈이다.

이 가르침에 따라 박치기를 당하면 자진해서 뒤로 엉덩방아를 찧고 피하는 것도 좋다. 충격을 상당히 줄일 수 있다.

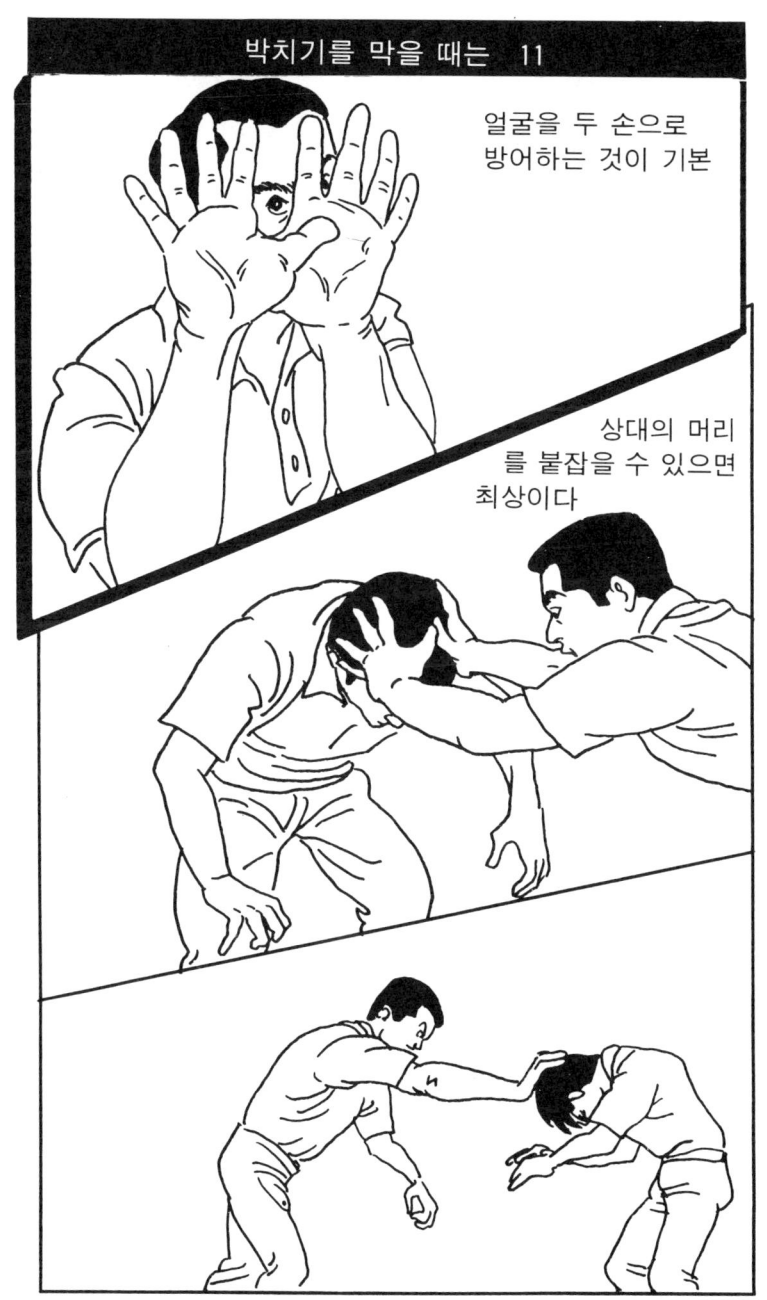

11-① 허리 ▶ 몸집이 작은 사람이면 이런 조심을 소홀히 하지 말라

키가 큰 사람은 잘난 체하고 있어도 의외로 발밑에 틈이 있다. 따라서, 설령 키가 큰 사람에게 목을 껴안겼더라도 발밑을 공격하기만 하면 얼마든지 역전의 찬스는 있다.

그럼, 반대로 당신이 자신보다 몸집이 작은 사람을 상대로 할 경우는 어떤가 하면, 이것은 의외로 어렵다.

상대가 작다고 해서 방심하고 있으면 한방 강렬한 박치기를 당할 염려도 있다.

몸집이 작은 사람이 자신보다 큰 상대에게 일부러 싸움을 거는 것도 그러한 승산이 있어서일 것이다.

따라서, 몸집이 작은 사람이 싸움을 걸어왔을 때는 깔보고 덤비는 것은 금물이다.

박치기를 당하지 않기 위해서도 우선 반신의 자세를 취하고 상대가 품으로 들어오지 못하도록 한 손으로 머리를 꽉 눌러 준다. 상대가 손을 뿌리치면 또 한쪽의 손으로 머리를 누른다.

이렇게 얼마 동안 반복하고 있으면 그러다가 상대도 지치게 될 것이니 기회를 봐서 이번에는 단숨에 품안으로 끌어들인다.

이 때의 요령은, 머리를 껴안는 것이 아니라 크게 상대의 등으로부터 팔을 돌려서 허리 부위를 잡을 것. 혁대를 하고 있으면 혁대를 잡으면 간단한데, 이렇게 해서 팔꿈치를 펴면 상대는 이미 정말로 괴로운 자세가 된다.

이대로 밀어붙여서 항복을 시키는 것도 편하고, 만약에 끈질기게 거역할 것 같으면 무릎차기도 먹일 수 있고 상대의 힘을 이용해 목이나 어깨를 쳐 넘어뜨리는 것도 간단하다.

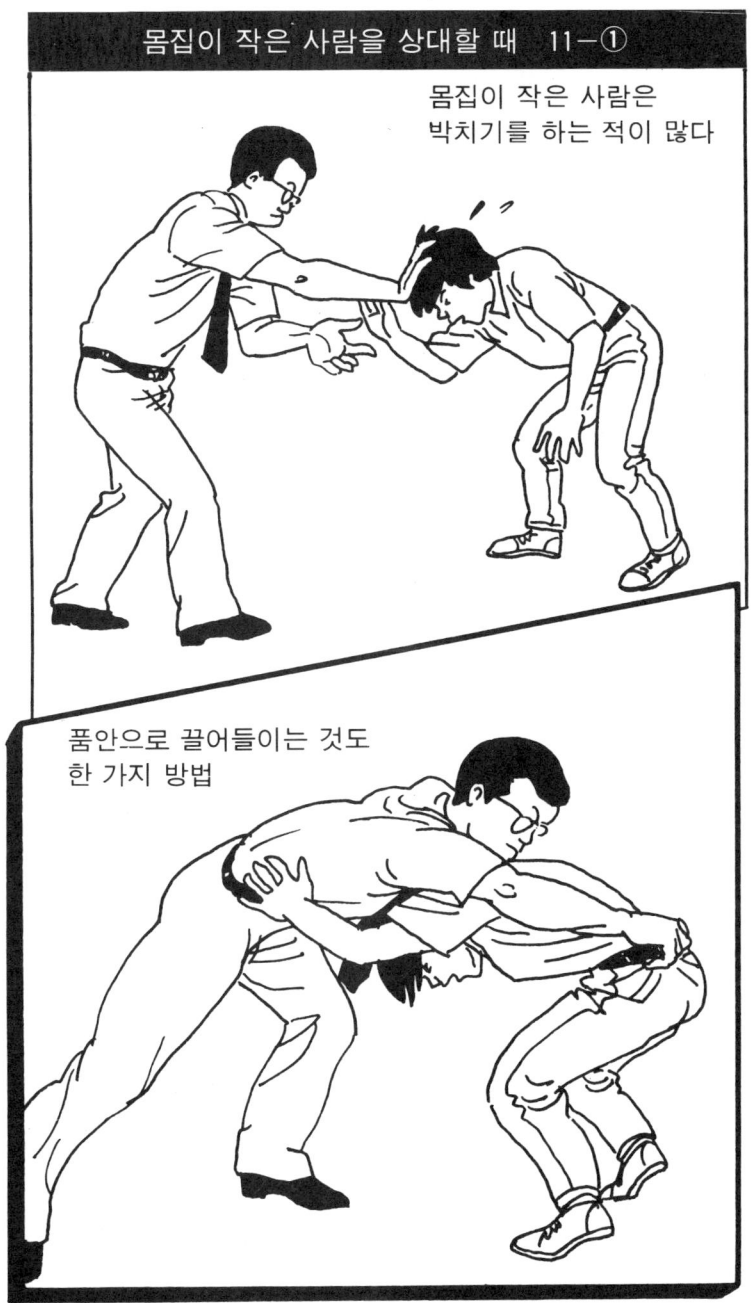

11-② 머리 ▶ 박치기의 효력이 반감하는 비장의 수

필자의 친지로부터 이런 실패담을 들은 적이 있다.

전철안에서 몸집이 작은 사람과 어깨가 닿았다 닿지 않았다 하며 사소한 일로 싸움을 하게 되었다.

그 친지는 185cm의 키에다 술 기운도 있어 「뭐야 꼬마, 건방지게 구는 게 아니야」하고 말했던 모양이다.

그러자 퍽 하고 박치기가 한방. 그는 앞니를 두 개나 부러뜨리고 말았다.

상대가 작다고 얕보았던 것이 우선 첫째 패인.

서 있었던 장소가 전차의 출입문을 등진 데라 뒤로 물러설 수 없었던 것도 충격을 크게 했다.

어쨌든 뒤에 뭔가 장해물이 있어 피할 수 없을 때의 박치기만큼 무서운 것은 없다.

물론 앞에서 말한 바와 같이 박치기의 낌새를 채고 날쌔게 몸을 낮출 수 있었다면 문제는 없었을 것이지만, 박치기를 당하기 직전에 눈치챘다고 한다면 하다 못해 목을 아래로 숙이기 바란다.

박치기란 것은 콧등에 먹으니 충격이 큰 것이다. 머리와 머리가 맞부딪치는 꼴이라면 이른바 서로 동시에 상대방을 치는 것이니, 어쩌다가 당신의 머리 쪽이 단단하다면 상대의 충격이 커진다고도 생각할 수 있다.

그리고 여담이지만, 박치기로 이마가 찢겼을 때는 생계란을 깨서 껍질 뒤에 붙어 있는 엷은 거죽을 집어내서 바르면 된다. 지혈 대용이 된다.

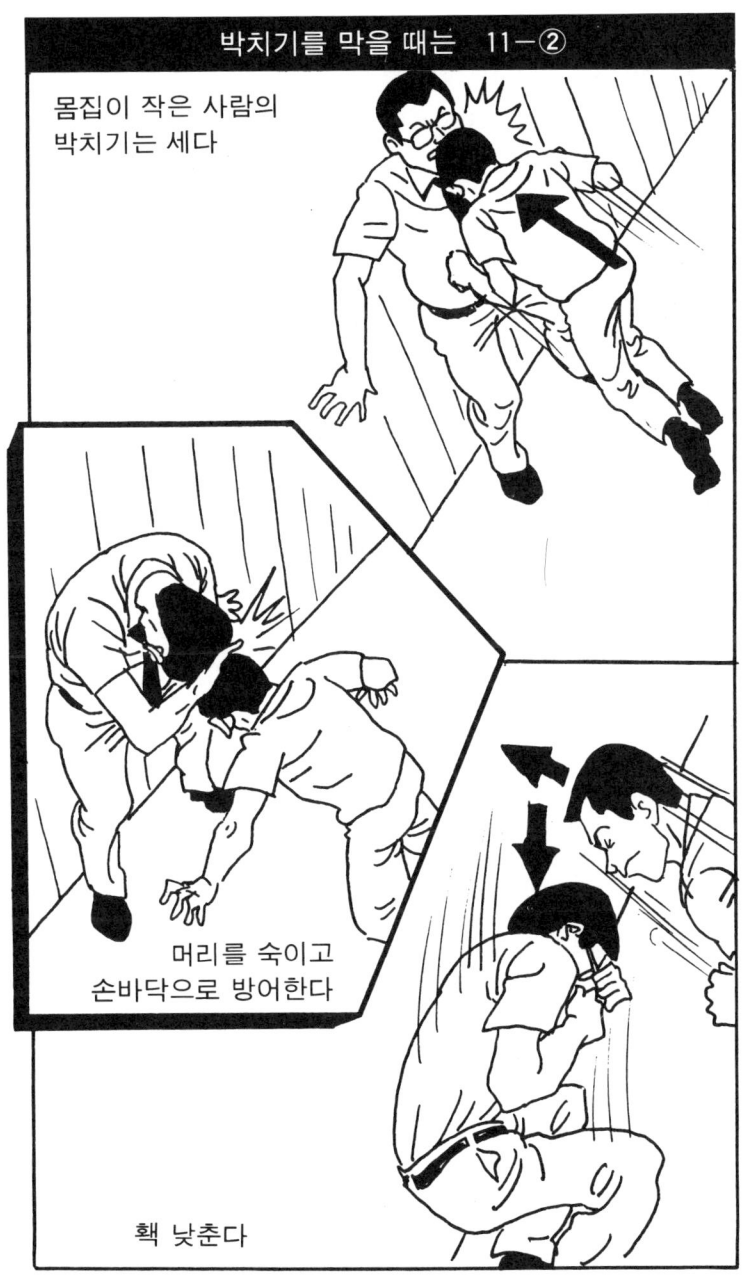

12 팔 ▶ 벗어나지 못했던 목조르기도 이것이면 벗어나게 된다

유도에 소양이 있는 사람에게 트집을 잡히고 업어치기를 당할 지경에 이르러도 지면이나 바닥에 털썩 주저앉아 버리면 그만이다.

그렇지만, 유도에서 진짜로 두려운 것은 메치기 기술보다는 오히려 조르기. 조르기를 당하게 되면 눈깜짝할 사이에 기절을 면치 못한다.

다만, 그런 조르기를 할 수 있는 것은 유도 선수라도 어느 만큼 고단자가 된 다음이고, 그 수준이 되면 풋나기에게 싸움을 거는 일도 있을 수 없다.

하기야 필자의 경우 술집에서 함부로 귀찮게 구는 주정꾼이 있으면 눈치채지 못하도록 기절시키고 그 뒤에 바로「아저씨, 왜 그러세요?」라고 하면서 등을 탁 쳐서 깨어나게 하는 것 같은 장난도 어쩌다가 하는 수 있다.

조르기란 것은 확실히 필살기(必殺技)이다.

단, 그것은 어디까지나 제대로 걸렸을 때의 일이고, 실제로는 열 번 해서 한 번 걸리면 좋은 편이다.

목을 졸리게 될 것 같으면 턱을 힘껏 끌어당긴다. 또는 귀를 어깨에 붙이듯이 하고 목을 옆으로 기울인다.

어느 쪽이든 이 방법으로 조르려고 오는 팔이 들어갈 여유를 주지 않으면 되는 것이다.

당신이 이 방어의 형세로 있으면 어떤 유단자라도 조르기로 공격할 수 없게 된다.

하물며 풋나기의 조르기 같은 것은 끄떡없는 것이다.

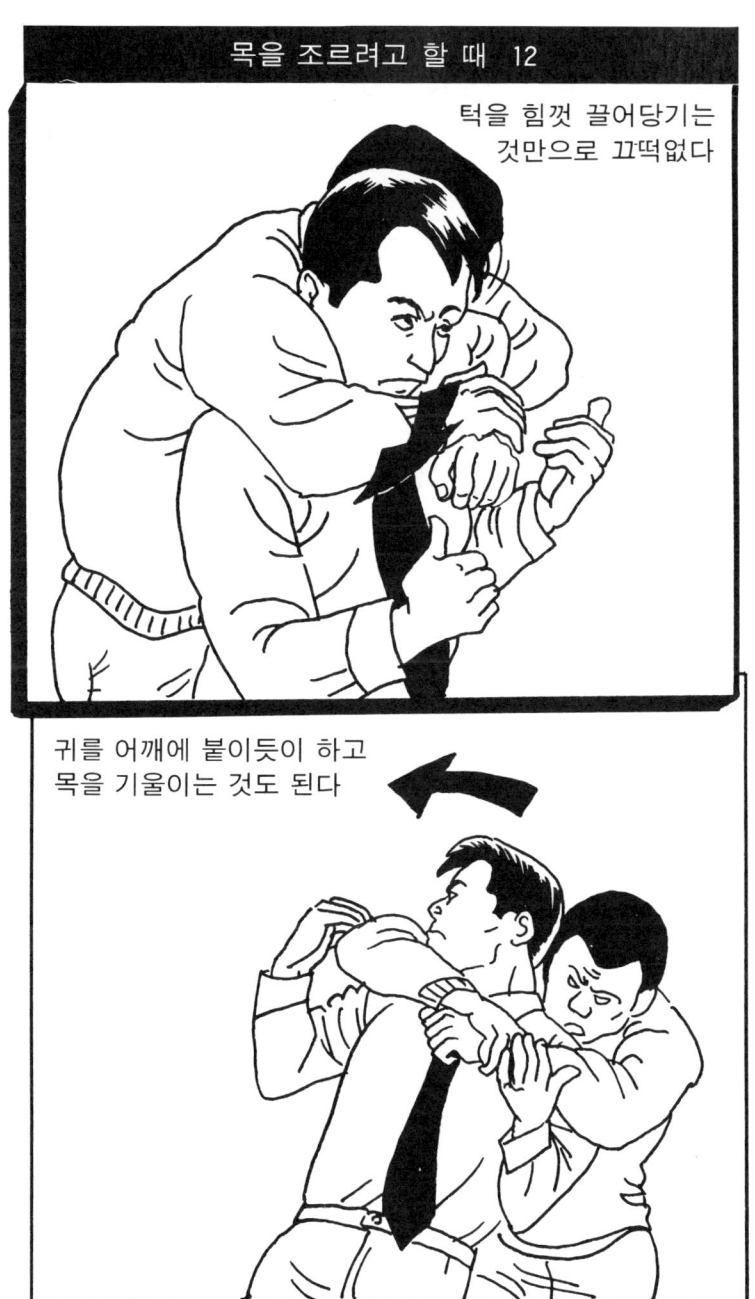

12-① 팔꿈치 ▶ 앞에서라면 아무리 목을 졸려도 두렵지 않다

평소에는 온순한 데도 술을 마시면 갑자기 난폭해지는 사람이 적지 않다.

갑자기 「이 자식」하면서 얼굴을 맞대고 목을 조르려고 한다. 게다가 상대가 키가 크고 딱 벌어진 체격이라면 그야말로 "질 것 같다"는 마음이 들지도 모른다.

하지만 그런 엄포에 기가 꺾여서는 안 된다.

앞에서 두 손으로 조르려고 해도 실은 조금도 두려울 것은 없다.

조르기가 그다지 강하지 않은 때라면 한 번 목을 앞으로 기울이도록 하고서 그 반동을 이용하여 목을 힘껏 뒤로 스윙시켜 주는 것만으로도 간단히 벗어날 수 있게 될 것이다.

만약에 상대가 어느 정도 강렬하게 조르게 되어도 물론 끄떡없다.

당신은 상대의 양쪽 팔꿈치에 위로부터 덮치듯이 하고 두 팔을 밀어붙인다. 그대로 힘껏 모든 체중을 얹고서 매달리기만 하면 된다.

이 충격에도 불구하고 줄곧 목을 조를 수 있는 호걸 같은 사람은 있을 수 없다.

또는 상대의 양쪽 팔꿈치 부분을 두 손바닥으로 바깥쪽에서 안쪽으로 틀면서 상대의 양쪽 팔꿈치를 합치도록 하여 힘껏 밀어붙인다.

그렇지 않으면 양쪽 팔꿈치의 바깥쪽 부분을 튀기듯이 해도 된다.

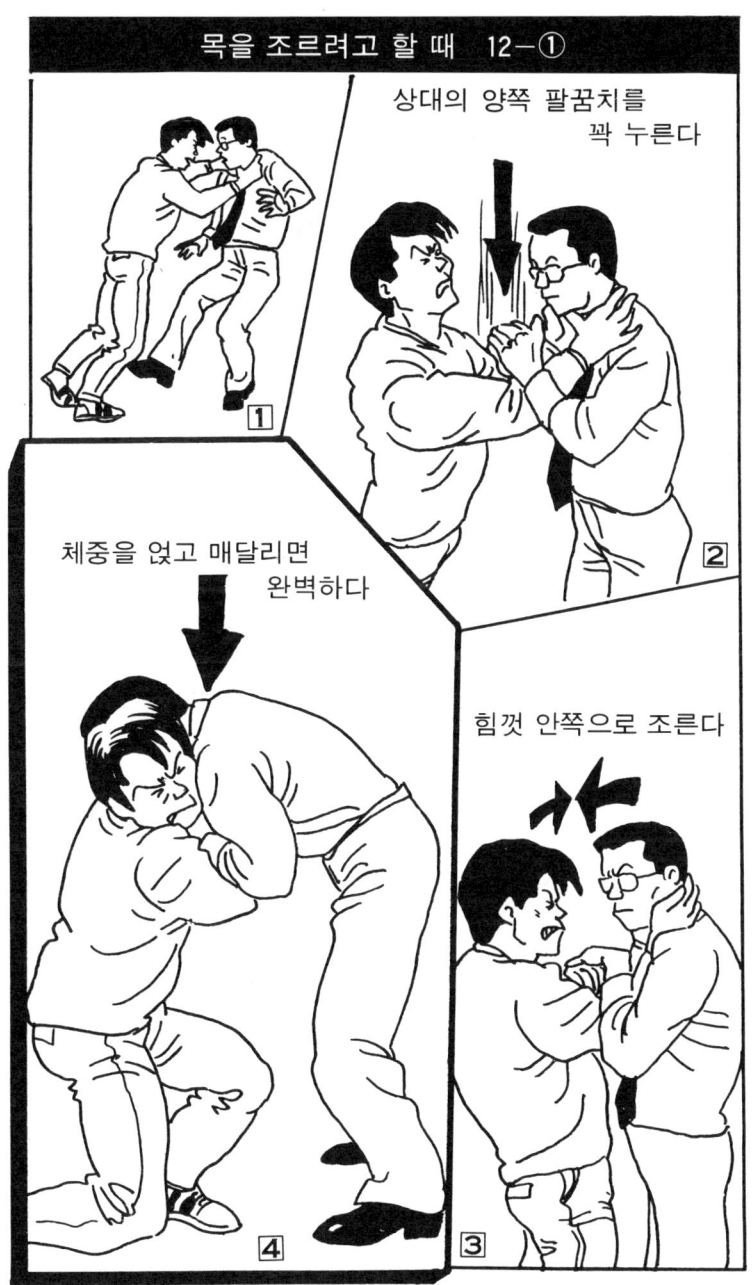

12-② 손가락 ▶ 조르려던 팔이 쉽게 풀린다

키가 큰 사람이란 자기보다 키가 작은 사람에게 대해서는 목을 껴안는 경우가 많다.

그런 위기 일발일 때도 아래턱을 내밀고 있으면 당황하지 않아도 된다.

아래턱만 내밀고 있으면 절대로 조르기를 당할 걱정은 없으니 침착하게 반격할 수도 있게 된다.

우선, 조르려고 드는 상대의 손등 위에 당신의 손바닥을 싸듯이 겹치게 한다. 그리고는 상대의 손끝보다도 이쪽 손끝을 한 관절 앞으로 내고 힘껏 쥔다.

이것만으로도 비명을 지르게 될 것이다.

이어서 상대의 팔꿈치와 자기의 어깨가 지렛대의 지렛목이 되는 형세로 마음껏 아래쪽으로 끌어당긴다.

이것으로 상대는 틀림없이 항복한다.

만약에 불행하게도 턱이 들려 있을 때에 목조르기를 당했다면 이번에는 형세가 조금 불리하다. 할퀴려고 하건 물고 늘어지건 상대의 팔에 매달리건 어떤 수단을 써도 되니 턱 하나 또는 손 하나라도 들어갈 만한 틈을 만드는 것이 선결.

턱만 들어가면 이제 안심으로, 지금 들어간 팔의 제압 기술을 써도 되고, 그 태세에서 엉덩이를 반만 낮추고 앞쪽으로 몸을 기울이고 한판업어치기로 메쳐도 된다.

목을 조르려고 드는 상대에게는 이 정도만 해도 과잉 방어라고는 할 수 없다.

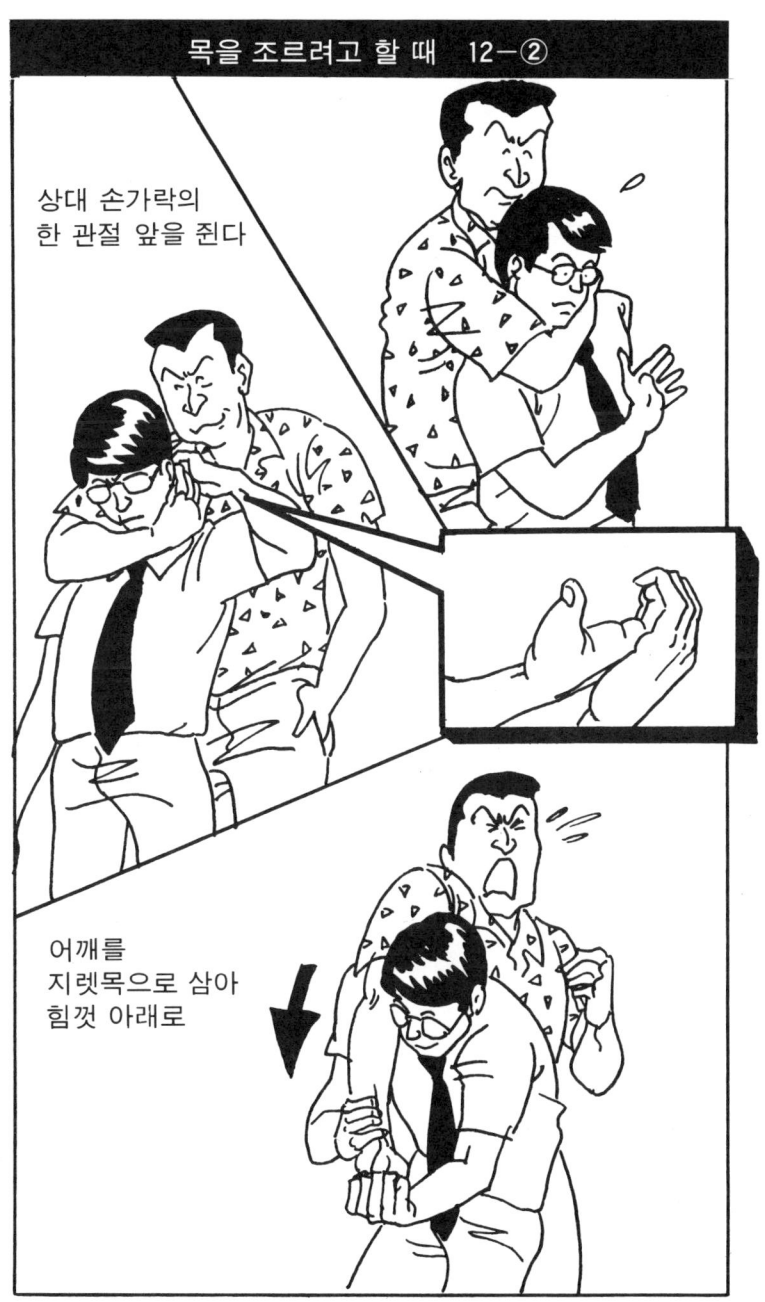

12-③ 손가락▶ 어떤 조르기에도 대항할 수 있는 삼단(三段) 공격법

영화나 텔레비젼에서 교살마(絞殺魔)가 사람을 목졸라 죽이는 장면을 보고 있으면 대체로 등뒤에서 두 손으로 목을 조르는 적이 많은 것 같다.

그렇지만 필자가 보기에는 이건 우습다고 하지 않을 수 없다.

왜냐하면, 상대가 제 좋아서 죽음을 당하려하는 것이 아니라면 이런 목조르기로 사람을 죽일 수 있다고는 생각되지 않기 때문이다.

바꾸어 말하면, 당신이 만약 등뒤에서 두 손으로 목을 졸리는 일이 있어도 별로 두려워하지 않아도 되는 것이다.

구체적으로 어떻게 하는가 하면, 우선 상대의 어느 한쪽의 엄지를 꽉 쥐고 젖혀 주는 것만으로도 손을 벗길 수 있다.

만약에 더 결정적으로 충격을 주지 않고서는 성이 가시지 않는다면 후두부로 안면을, 엉덩이의 전후 스윙으로 급소 부위를, 그리고는 발뒤꿈치로 상대의 발끝을 짓밟고 뒤로 주저앉아 상대를 쓰러뜨린다는 삼단 반격법을 써도 될 것이다.

그럴 때 마무리로서 허리로 상대의 고관절(股關節)을, 대퇴에서 무릎으로 무릎 관절을, 발목으로 상대의 발목이라는 식으로 단단히 굳히면 더는 아무리 요동을 쳐도 꼼짝할 수 없다.

상대는 당신이 만족하기까지 울며 사과하게 될 것이다.

13 상체 ▶ 머리털을 쥔 상대가 질겁을 하는 역이용법

　남성들 중에는 남자 프로 레슬링에는 흥미가 없지만 여자 프로 레슬링은 빼놓지 않고 본다고 할 정도로 열성적인 팬이 꽤 있는 모양이다.
　그 인기의 비밀을 알아 보면, 미인의 인기 스타가 있는 것도 그렇지만 여성의 히스테릭하고 사디스틱한 격투에 흥미가 있다는 남성들의 본심도 숨겨져 있는 것으로 보아야 한다.
　그리고 보니 프로 레슬링 뿐만 아니라 싸움만 하더라도 남자끼리의 싸움보다는 여자끼리 싸우는 쪽이 어딘지 모르게 음습(陰濕)한 인상을 받게 된다.
　여자가 억세진 요즘은 당신이 동반한 여성에게 대해 작부 출신 같은 여자가 술김에「뭐야, 이런 시시한 남자와 노닥거리고서」하며 싸움을 걸어오지 않는다고는 말하지 못한다.
　그런 때 상대는 민첩하게 그녀의 머리털을 쥐고 끌어당길 적이 많다.
　이럴 때 목을 움츠리고 도망치려고 하다가는 도리어 고통을 받는다.
　오히려 끌어당기는 것에 맡기며 상대를 껴안아 버리면 되는 것이다.
　그런 태세에서는 상대도 꼼짝할 수 없게 되니, 그러면 당신이 틈을 보아 사이를 가로막아 서면 된다.

13-① 팔▶ 팔꿈치를 이용하면 상대의 손은 쉽게 벗겨진다

장발의 남성도 완전히 시민권을 얻은 모양이다.

실제로 거리를 걷고 있으면 뒷 모습을 보는 것만으로는 남성인지 여성인지 판단이 가지 않을 적도 많다.

그런 남성의 장발에 반발을 가지고 있는 건달이라면 사소한 계기로 장발의 당신에게 트집을 잡고 앞에서 머리털을 잡아 끌어당기게 되는 일도 충분히 있을 수 있다.

그런 때에 몸을 지키는 방법은, 두 손을 끼고 상대의 양쪽 팔꿈치의 접히는 부분에 내던지는 것이 한 가지. 상대는 팔꿈치가 탁 꺾여 힘이 빠지고 말 것이다.

또 한 가지 방법으로는 팔을 뻗어 손바닥으로 상대방을 밀쳐내는 식의 요령으로 상대의 팔꿈치 뒤쪽을 아래에서 위로 치듯이 쳐든다.

이것으로도 상대의 손은 당신의 머리털에서 떨어진다.

여성도 익혀 주기 바라는 기술이다.

또는, 좀더 결정적인 충격을 주려고 한다면 상대의 몸에 우선 밀착한다.

「용서해 주세요」하면서 머리를 숙였다가 안면에 박치기를 한 방 먹여도 되고, 상대의 턱 밑에 머리를 붙이고 힘껏 발돋움하면서 두 손으로 상대의 허리를 끌어당겨 턱을 상대의 어깨에 대고 상체와 체중을 이용해서 힘껏 끌어당기며 허리를 허물어뜨리는 씨름의 기술처럼 할 때, 주먹을 쥐고 그 제2 관절을 상대의 척추에 꽉 누르듯이 하면 상대는 이미 격통에 못이겨 비명을 지르며 오로지 당신의 용서를 빌게 될 것이다.

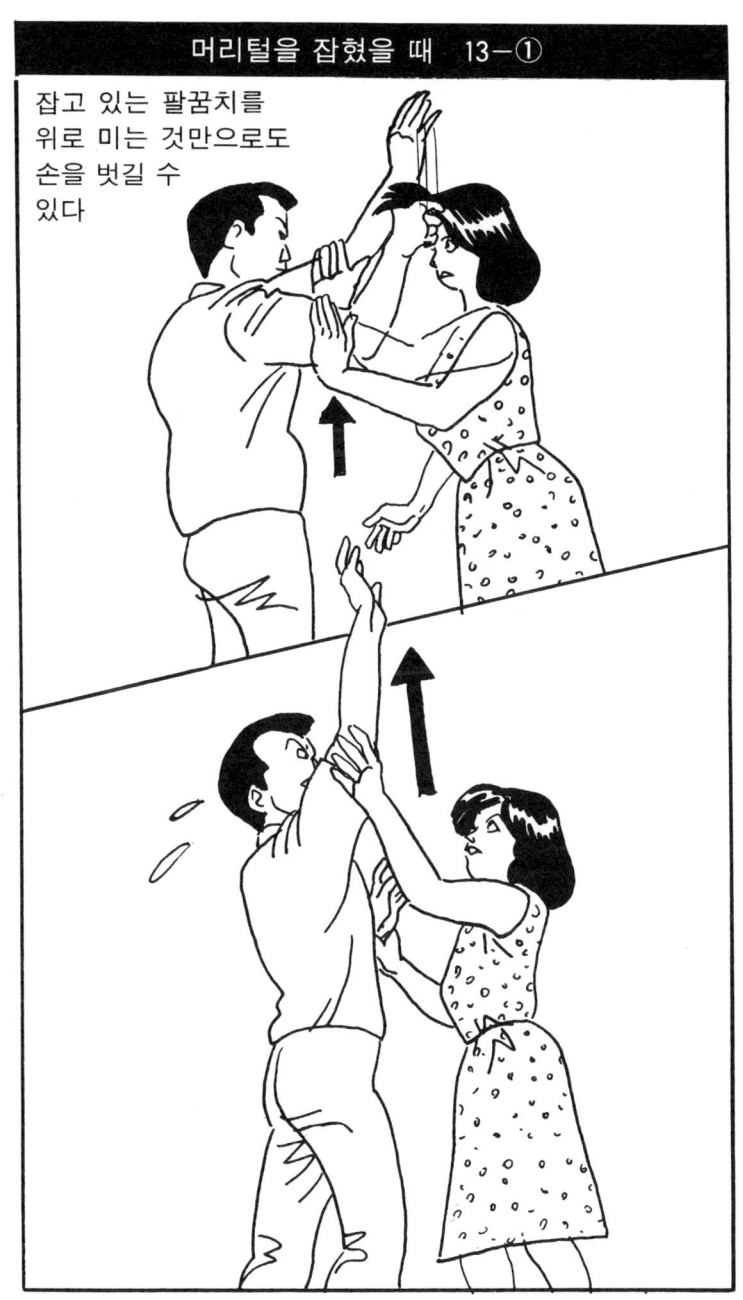

13-② 주저앉는다 ▶ 뒤에서의 공격에는 이런 수가 듣는다

여성에게는 매저키즘(피학대 성욕 도착증)이 많다고 하는 것은 전혀 거짓이고, 여성의 본성은 반대로 사디즘(가학성 변태성욕)이 아닐까 하고 생각이 들 적이 있다.

그 까닭은, 여성끼리의 싸움이 자꾸 에스컬레이트하게 되면 태연히 뒤에서 머리털을 끌어당기고 상대를 억지로 쓰러뜨리려고 하는 장면을 보게 되기 때문이다.

하기야 남성의 싸움도 뒤에서 머리털을 끌어당기려고 드는 비열한 자가 있기는 하지만.

어쨌든 남성이건 여성이건 뒤에서 머리털을 잡혔을 경우, 끌어당겨지는 힘으로 몸이 하나의 막대기 같은 상태가 되어 힘껏 쓰러지는 것이 가장 위험하다.

후두부를 다칠 염려가 많기 때문이다.

따라서, 뒤에서 머리털을 끌어당기게 되면 먼저 뒤로 한두 걸음 물러서고 털썩 자기 쪽에서 주저앉는 것이 좋다.

일단 주저앉기만 하면 얼마든지 반격 방법을 생각해 볼 수 있다.

예를 들면, 상대의 두 다리 안에 한 팔만이라도 넣게 되면 무릎의 접는 부분을 힘껏 눌러서 상대를 맥없이 무릎 꿇게 하는 것도 간단하다.

또, 상대가 밀착해 있을 때라면 역시 한 손을 상대의 두 다리 사이에 넣고 손목으로 어느 한쪽의 발뒤축 부분을 누르게 되면 상대의 무릎에 힘을 얹히듯이 하고 뒤로 쓰러져도 된다.

적은 보기좋게 나딩굴게 될 것이다.

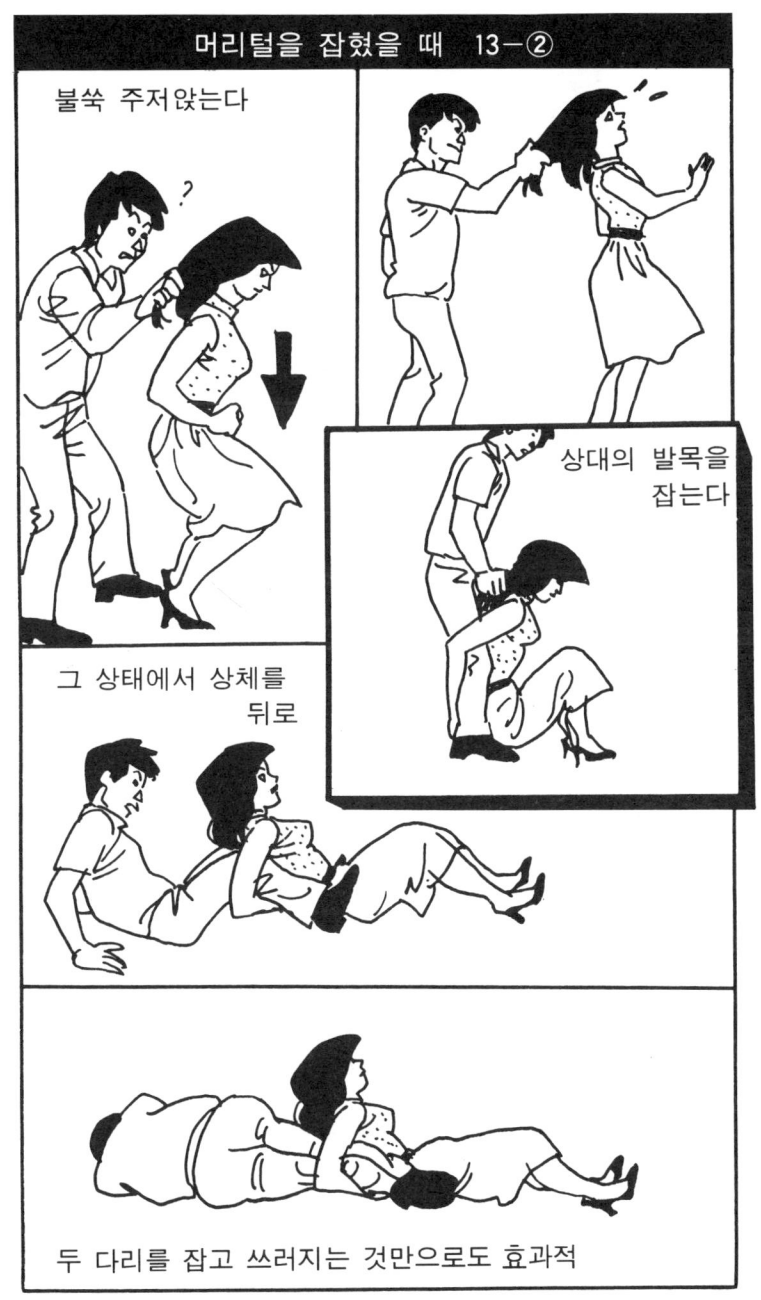

13-③ 머리털 ▶ 여성이면 뛰어난 효과를 보는 결정적 수

"부부 싸움은 개도 먹지 않는다"고 한 것은 적절한 말로, 부부뿐만 아니라 연인끼리의 싸움만 해도 사이 좋은 남녀의 다툼이란 것은 옆에서 보기에는 노닥거리고 있는 것 같기만 하다.

그렇지만 현실에는 심각한 남녀의 싸움이라는 것도 있다.

개중에도 남성의 바람기, 이것이 싸움의 원인이라면 이미 험악한 분위기 그것이다.

여성 쪽은 벌컥 화를 내고 틀림없이 히스테리 상태가 되어 있으니 와락 때리려고 달려들지도 모른다.

그런 때의 남자 대응도 상당히 어렵다.

자기 방어술에 소양이 있으면 때리려 달려들어도 충분히 대응할 수 있을 것이지만 상대가 여성이고 보니 너무 충격이 강한 기술을 쓸 수도 없다.

그렇다고 맞기만 한다는 것은 남자의 체면에 관계된다…….

우선 한두 방은 맞아 주는 것이 좋다. 그렇게 하면 여성은 대체로 차분해진다.

그리고 다음에는 끌어안고서 머리털을 만져 준다. 머리털을 만져 주면 이상하게도 기분이 누구러지는 법이다.

단, 반드시 머리의 결을 따라 만질 것. 반대로 만지는 것은 도리어 역효과를 낳게 된다.

만약에 그녀가 가위라도 들고 있다면 당신은 당신의 웃옷 같은 것으로 휘둘러서 어쨌든 후려쳐 떨구고 다음에 두세 번 때리게 해서 똑같은 요령으로 마음을 진정시키면 된다.

14 심리 ▶ 폭주족(暴走族)에게서 몸을 지키는 거북이 전술

폭주족이란 것에는 정말로 화가 난다.

제멋대로 난폭 운전을 하고서도 조금이라도 차가 접촉하게 되면 별안간 차에서 뛰어 내려와서 당신에게 대든다.

상대는 어리석고 잘난체하며 버티는 건달일 것이 뻔하니 진지하게 응대할 필요 같은 건 조금도 없다.

창을 닫고 문도 모두 잠그고서 침묵 전술로 나가는 것이 가장 현명하다고 할 수 있다.

그러고 보니, 옛날의 일로 전쟁 당시의 일선 사령관에게 이런 에피소드가 있다.

그 사령관은 적이 마구 퍼부어대는 대포에 조금도 동요되지 않고 적에게 등을 돌린 채 털썩 책상다리를 하고 앉아 주먹밥을 먹고 있었다는 것이다.

이것을 본 부하 병사들은「이런 담찬 대장 밑에 있으면 질 리가 없다」고 용기를 얻어 분발한 덕에 전쟁에서 이길 수 있었다.

그 대장의 후일담에 의하면「실은 몹시 무서웠지만 부하에게 알려서는 안 되겠고, 앞을 보고 앉아 있게 되면 더욱 무서워지기 때문에 뒤를 보고 앉아 있었을 뿐」이라는 것이었다.

이와 같이 움직이지 않고서 적에게 이기는 수가 있는 것이다.

당신도 밖에서 떠들어 대는 폭주족을 거들떠보지 않고 태연자약하게 있으면 된다.

당신의 차가 꼭 당신을 지켜주게 될 것이고, 그러다가 폭주족도 단념하고 물러나 갈 것이다.

14-① 손목, 얼굴, 팔 ▶ 어떤 경우라도 차에서 떠나서는 안 된다

창을 닫고 문도 잠그고 있으면 안심이다.

하지만 문은 잠궜지만 창을 닫을 여유가 없었을 때에 폭주족이「이 자식아」하면서 덤벼들었다.

이런 경우에는 어떻게 하는가……?

끄떡없다. 전혀 당황하지 않아도 된다. 멋지게 격퇴할 수 있는 방법은 분명히 있다.

아마도 폭주족인 건달은 운전석의 열려 있는 창으로 먼저 한 손을 밀어 넣고 당신의 멱살을 잡으며 또 한쪽의 손으로 때리려고 들 것이다.

그 때 당신은 그 멱살을 잡으러 온 팔의 손목을 두 손으로 쥔다. 그리고는 그대로 조수석 쪽으로 몸을 쓰러뜨리며 잡은 팔을 끌어당기게 되면 상대의 얼굴은 차 지붕의 모서리에 부딪치게 된다.

이 때의 요령은, 왼발을 바닥에 꼭 버티고 상대의 팔에 모든 체중을 얹혀 줄 것.

그렇게 되면 얼굴을 세게 부딪친 상대는 팔의 힘도 빠지게 될 것이다. 그 때를 놓치지 않고 그 팔을 핸들 안에 끼어 넣는다.

다음에 당신의 왼손으로 상대의 손목을 핸들의 스티어링 스포크(steering spoke)에다 밀어붙이며, 오른손으로 상대의 엄지 이외의 네 손가락을 쥐고 위로 쳐들어 주면 된다.

그렇게 잘난 체하던 건달도 고통으로 비명을 지르고 울며 용서를 빌게 될 것이다.

다음으로, 문을 잠글 틈도 없이 폭주족이 문을 열고 오른손으로 당신의 멱살을 잡으며 「이 자식아, 밖에 나와」 하고 끌어내려고 했을 경우에는 되도록이면 좌석에 깊숙히 다시 앉아 왼발로 꼭 버티고, 역시 상대의 내민 팔의 손목 부분을 두 손으로 잡는다.

그리고는 조수석 쪽의 비스듬히 뒤쪽 방향으로 몸을 기울이면서 오른손은 손목을 누른 채로, 왼손은 상대의 어깨로 이동시킨다.

이것으로 상대는 공중제비를 하고 당신의 무릎 쪽으로 쓰러진다. 다음에는 잡은 상대의 팔을 어깨에 얹고 어깨와 목 사이에서 조르며 다시 상대의 몸 너머로 시프트 노브(shift knob)를 잡고 힘껏 조르기만 하면 된다.

얼마 전까지의 위세는 어디에 가고 상대는 아무리 발버둥쳐도 꼼짝할 수 없게 되고 만다.

포인트는, 절대로 운전석에서 나오지 말고 상대를 좁은 운전석으로 끌어들이는 것이다.

이것은 옛적부터 전하는 무사의 권법에 있는 "창을 든 상대와 싸울 때는 좁은 장소로 유인해서 창을 못쓰게 봉하는 것이 좋다"고 하는 것에 통하는 자기 방어술인데, 이것이면 상대는 어떻게 해 볼 수가 없다.

그렇게 되면 이제부터는 두려울 것 하나도 없는 것이다.

끝으로, 불행하게도 차 밖에서 습격당했을 때의 일인데, 보닛(엔진 덮개)을 등지고 서는 것이 가장 상책이다.

그리고는 틈을 보아 손목을 낫(갈고리)처럼 써서 상대의 상반신을 보닛 위에 떨어뜨린다.

그 후린 손으로 어깨를 꽉 누르고 남은 손목을 제압하게 되면, 이것으로 이미 상대의 몸은 움직일 수 없게 된다.

당신은 상처 하나 입지 않고 제대로 몸을 지키게 된다.

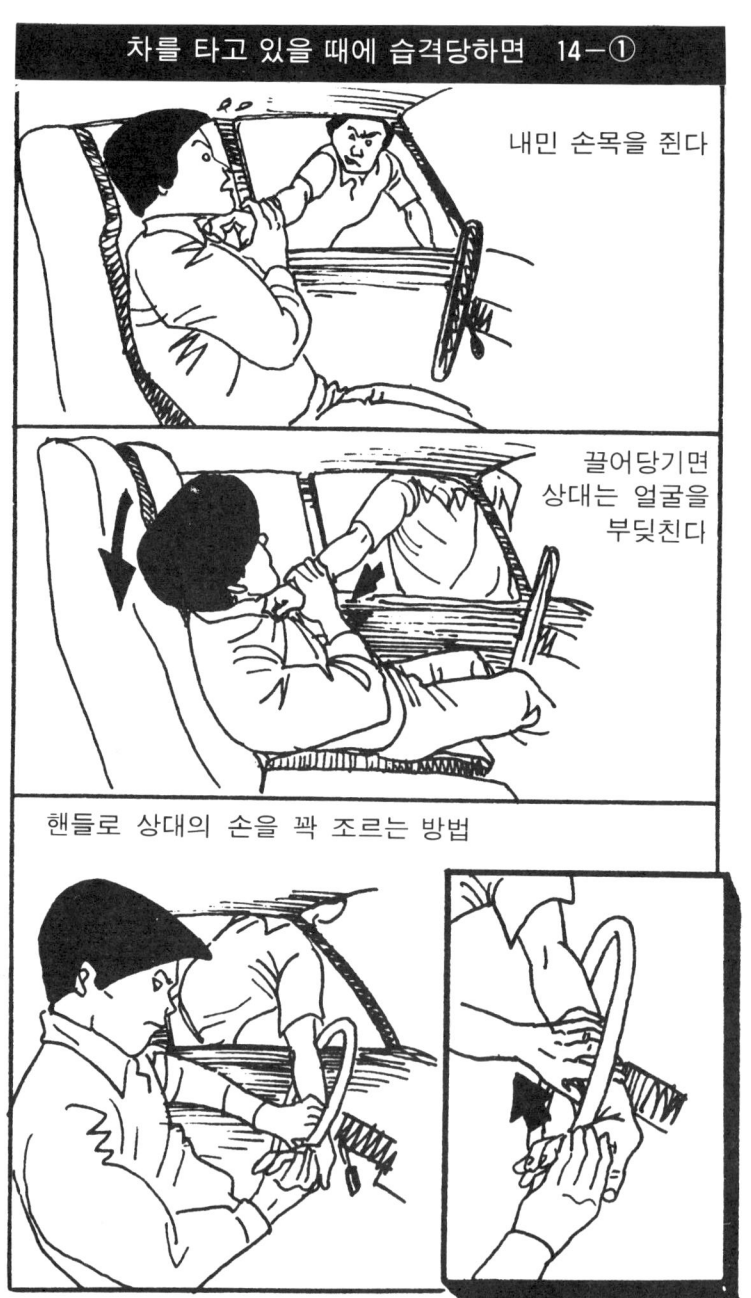

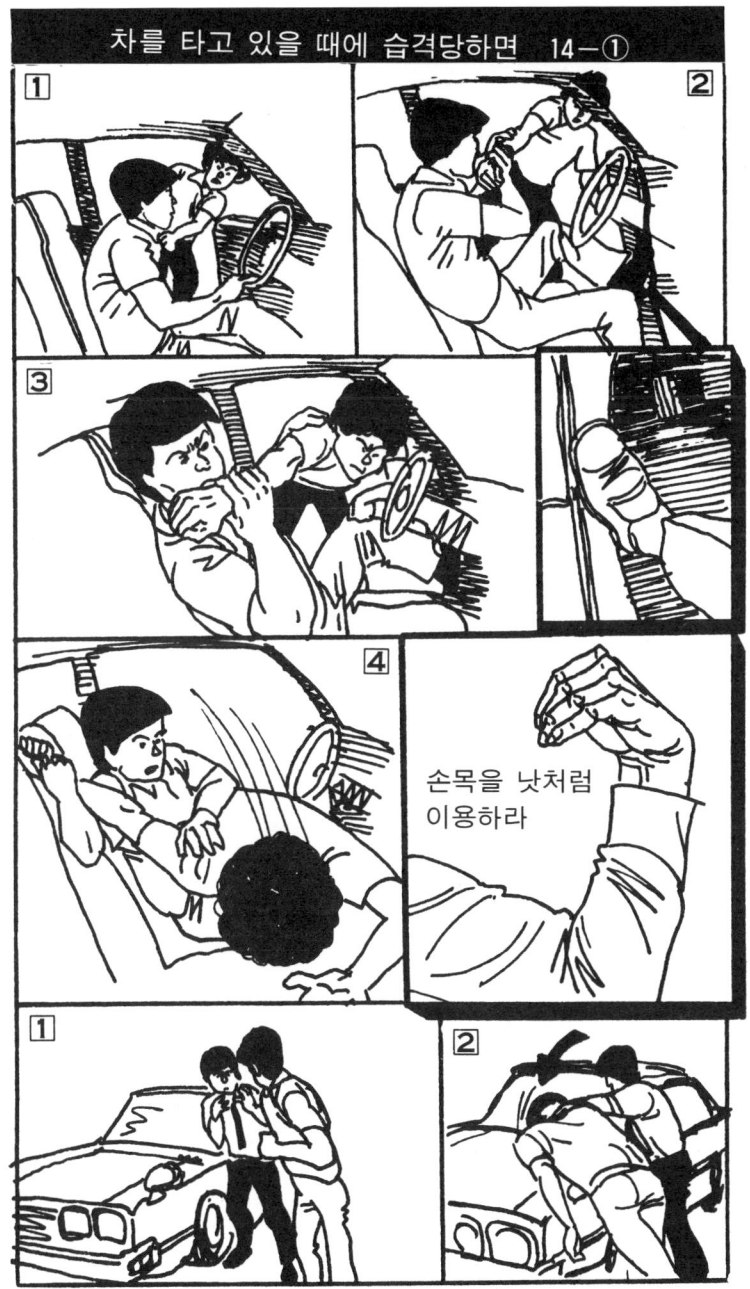

2.
누구나 반드시
비명을 지르게 되는
열 일곱 군데

《실용편》 난폭한 상대를 뜻대로 피하는 소양

15 눈, 코, 귀, 기타 ▶ 몸에서 단련하지 못하는 네 곳

유도에 소양이 있는 사람이라도 상대가 주저앉아 버리면 그 이상 무슨 수를 써도 메치기해서 던질 수는 없다.

이것은 실제의 시합에서도 마찬가지여서, 허리를 낮춘 상대에 대해서는 누워서 하는 기술로 하든지 심판이 「서라」고 할 때까지 기다리든지 하는 수밖에 없다.

그렇지만 필자 같은 "삼보" 아닌 "마구잡이" 선수의 경우에는 그런 때를 위한 비장의 무기도 가지고 있다. 그것은 불쑥 상대의 항문에 손가락을 넣어 주는 일이다.

물론 이것은 반칙 기술이기 때문에 심판에게 들키지 않도록 하게 되는 것인데, 이것을 하게 되면 상대는 반드시 껑충 허리를 펴는 것이니 신기한 일이다. 그 때를 놓치지 않고 쳐들어서 메치는 것이다.

이런 마구잡이 기술도 한도에 다다른 장면에서의 자기 방어술에는 도움이 될지도 모른다.

항문은 단련하지 못하는 곳의 하나인데, 그밖에 단련하지 못하는 곳이라면 눈, 코, 귀가 있다.

먼저 눈인데, 칠까 말까 하고 주저하고 있는 상대라면 펴든 손바닥을 눈앞에 들이대는 것만으로도 전의를 상실한다.

때리려고 드는 상대에게는 그것을 뿌리치는 척하고 손가락으로 눈을 비벼 주는 것이 유효하다.

코는 손바닥으로 아래에서 위로 세게 쓸어 올려 준다.

귀는, 팔을 잡았을 때 등에 팔꿈치의 뒤쪽으로 세게 밀어 준다.

그것만으로도 상대는 손들 것이다.

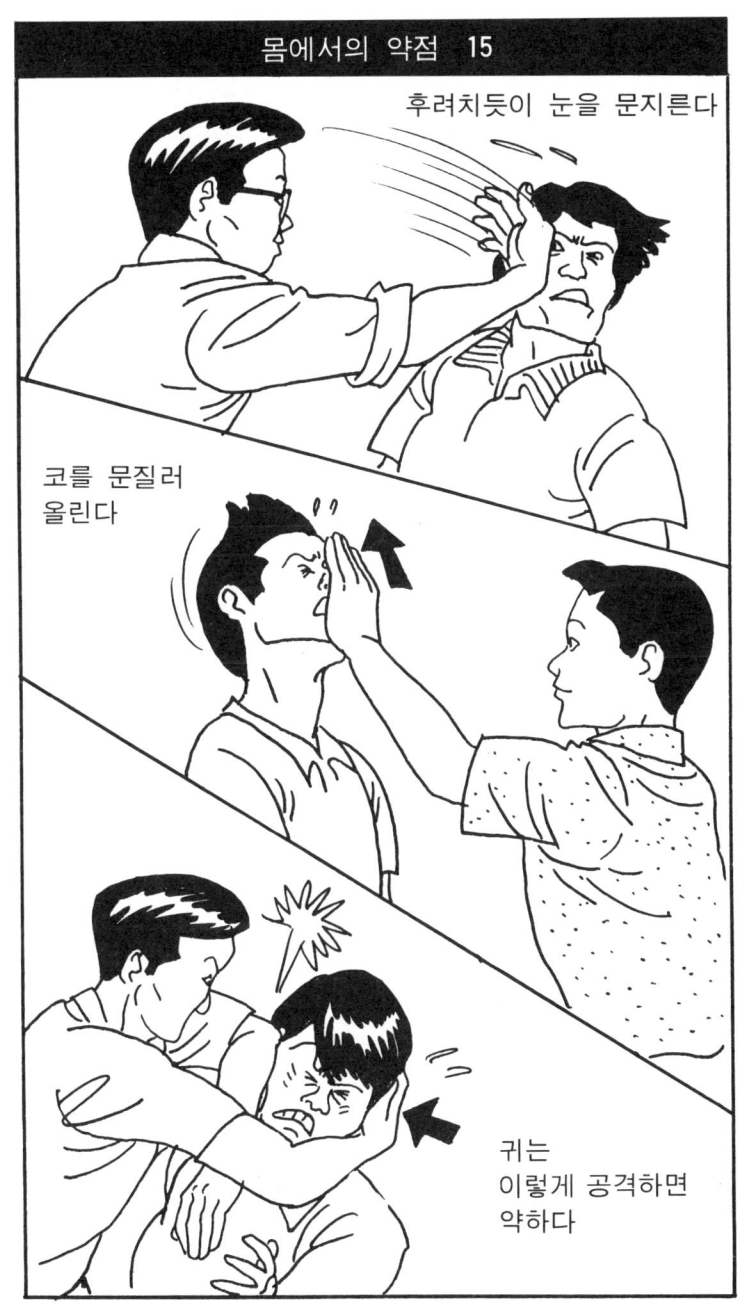

16 하반신 ▶ 서는 법과 걸음걸이로 상대의 역량을 알 수 있다

"적을 알고 나를 알면 백전도 두렵지 않다"는 속담이 있다.

이것은 진리라고 할 수 있다. 흔히, 국내의 유도나 레슬링 시합에서도 시합 전에는 대전(對戰) 상대의 데이터를 모으기도 하는 것인데, 필자가 소련의 선수와 시합을 할 때에는 상대에 대한 정보 같은 건 전혀 얻지 못했다. 그래서 시합의 호출을 받고 매트에 오를 때의 걸음걸이로 벅찬 상대냐 대단치 않은 상대냐 하는 것을 가려냈다.

만약에 상대의 걸음걸이가 발뒤축에 무게 중심이 얹혔고 으시대고 있는 것 같으면 이것은 우선 대단치 않다.

뒤로 밀어 주는 것만으로도 당장에 밸런스를 흐트릴 수 있고, 상반신에 여분의 힘을 주고 있는 만큼 하반신의 자세에서도 허점을 드러내고 있는 것이다.

반대로 격투기에서 세다고 하는 선수의 경우에는 엄지발가락, 새끼발가락, 발바닥의 장심(掌心)의 셋을 이어 생기는 삼각형에 무게 중심이 단단히 얹혀 있다.

이런 선수는 발끝 체중으로 약간 앞기울기 자세로 걷는 것에서 가려낼 수 있는데, 어쨌든 상대하기에 벅차다.

당신이 자기 방어술을 이용할 때도 같은 기준에서 상대의 강한 정도를 간파하는 것이 선결이다.

동시에 서는 법에서도 간파하게 되는데, 두 발을 가지런히 하고 서 있는 상대라면 싸움에 숙달되지 않은 증거.

반대로 무릎을 벌릴 듯 하고 반신으로 서서 치뜬 눈으로 쳐다보는 상대라면 조심할 필요가 있다.

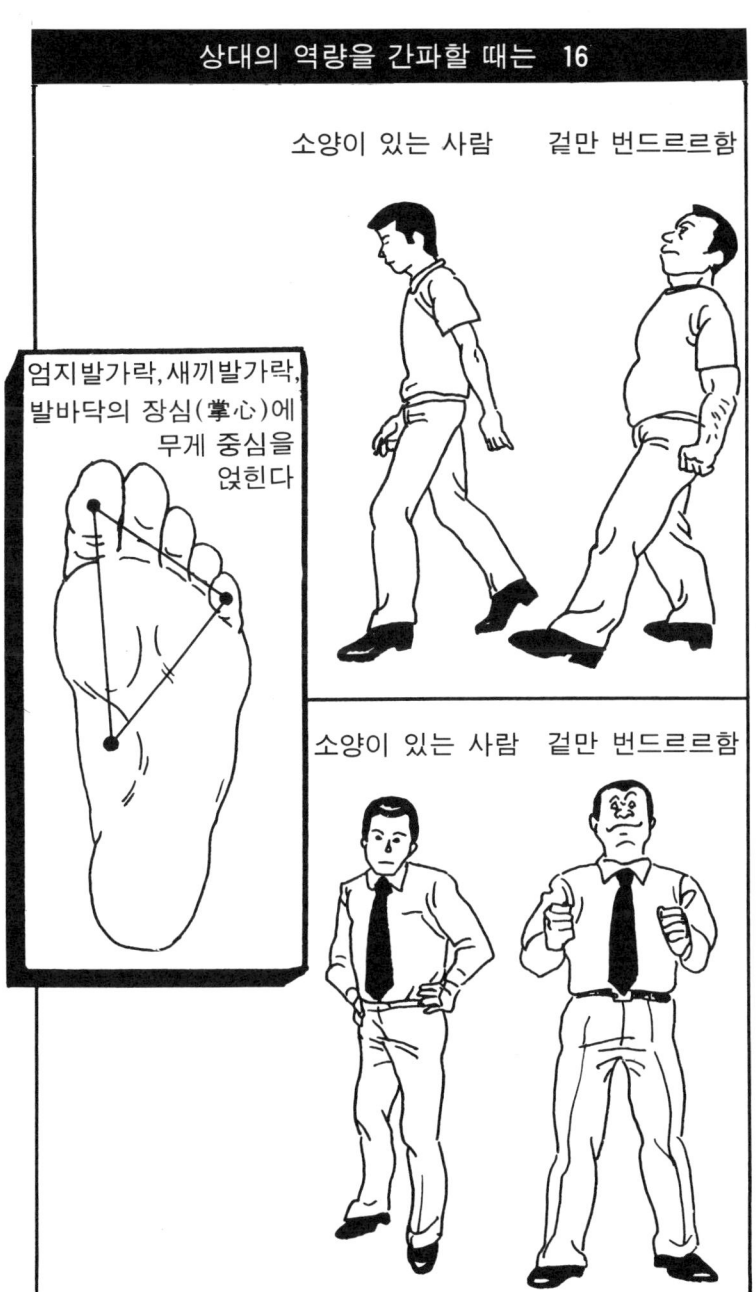

17 시선(視線) ▶ 상대의 움직임은 이것으로 간단히 간파할 수 있다

무술 영화를 구경한 적이 있을 것이다.

거기에 등장하는 무술인들은 쿵후(중국의 격투기)의 명수로, 상대가 연달아 내지르는 손이나 발의 공격을 아무런 힘도 안 들이고 날쌔게 피해 버린다. 그리고는 기합 소리와 더불어 에워싼 상대 여러 명을 시원스럽게 픽픽 쓰러뜨리고 마는 것이다.

하기야 그렇게 할 수 있다는 것은 영화이기 때문에 그럴 수 있는 "연출" 부분도 없지 않으나, 무술의 고수 정도로 수업을 쌓은 사람이면 상대의 움직임을 읽는다고 해도 이상할 것은 없다.

필자도 현역 시절에는 달리는 전철안에서 밖의 간판 글자를 읽고서 이해하는 훈련을 했고, 격투기 선수로서의 육감도 있는 터라 상대의 움직임은 거의 읽을 수 있었다.

물론 풋나기인 당신에게는 거기까지 바랄 수 없지만 이 요령을 알고 있으면 어느 정도 상대의 움직임을 알아낼 수 있다.

그것은, 상대가 당신 몸의 어느 부분을 보고 있는 가에 주의하는 일이다.

여성을 보는 경우 「아, 저 가슴을 만지고 싶구나」하는 생각을 할 때는 반드시 가슴을 주목하게 될 것이다.

인간의 눈은 반드시 노리고 있는 부분을 주시하는 것으로, 그 시선을 알게 되면 상대의 표적은 곧 알게 된다.

그 다음에 조심해야 하는 것은 상대의 뒤에 위치한 손과 발. 치거나 차거나 내미는 것은 뒤의 손과 발이다. 앞에 나와 있는 손과 발에 현혹되지 않아야 한다.

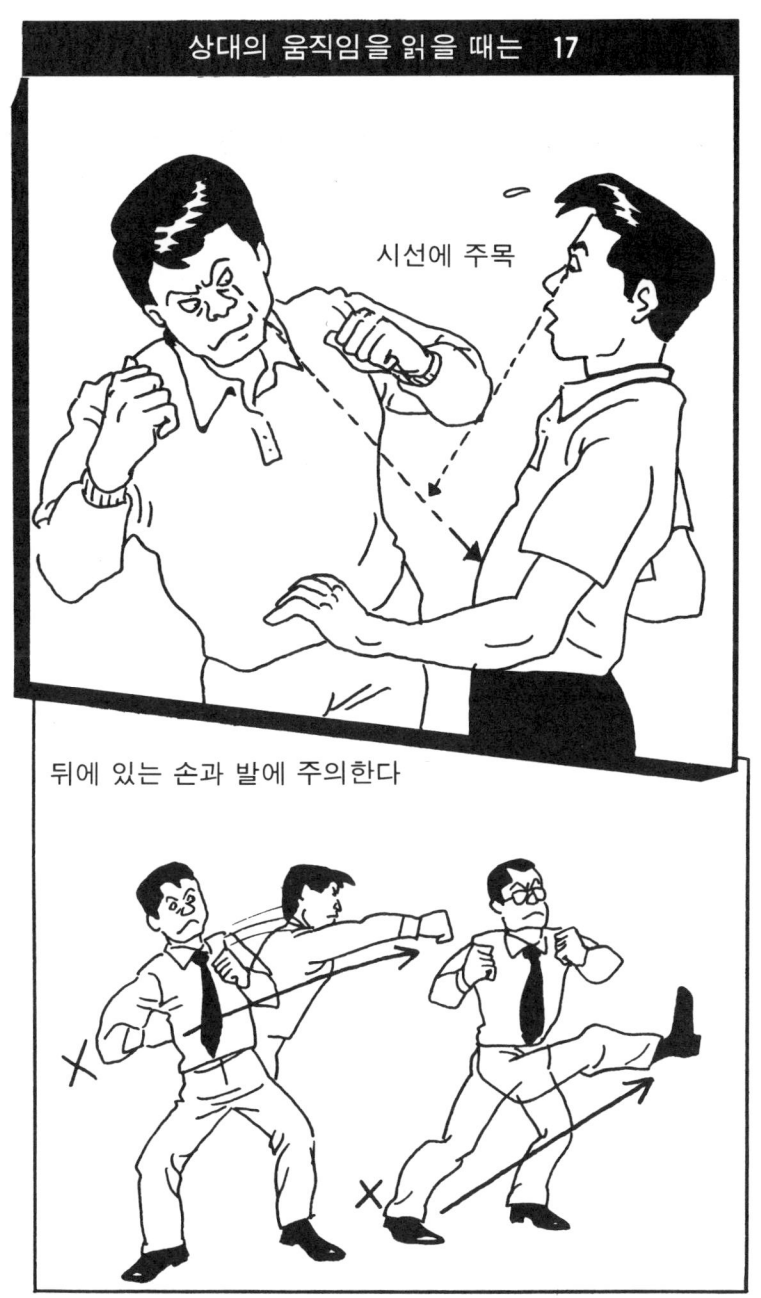

18 자호체(自護體) ▶ 이 자세가 수비의 기본

 발을 가지런히 하고 우뚝 서 있는 상대라면 힘 안 들이고 반격할 수 있다.
 이것은 반대로 생각해 보면 당신이 그런 서기 자세를 하고 있어서는 몸을 지키기가 어렵다는 것이다.
 즉, 자기 방어술의 기본은 당신의 자세 취하기에 있다고 해도 된다.
 우선, 한 발을 한 걸음 앞으로 낸 자세에서 가볍게 점프해 보자. 그리고는 바닥에 닿았을 때의 자기 태세를 체크하면 반신으로 무릎에 여유가 있고 발끝 쪽에 무게 중심이 얹혀 있다.
 이것이 격투기의 세계에서 말하는 「자호체(自護體)」라는 것으로 수비할 때의 가장 기본적인 자세인 것이다.
 다음에는 여기에 팔의 자세를 곁들이면 만전을 기하게 되는 것이지만, 팔의 자세는 이른바 권투의 업라이트 스타일(up-light style)을 취하는 것이 좋다.
 이것은, 펀치를 당하면 충격이 큰 위와 간장을 두 팔꿈치로 지키는 것으로, 권투처럼 주먹을 쥐고 자세를 취하는 것보다 손바닥을 편 꼴로 해 놓는 쪽이 좋다는 것이다. 그 편이 손가락과 손가락의 틈새에서 상대의 움직임을 보기가 쉬운 것이다.
 이리하여 복부(腹部)를 단단히 방어한 반신의 태세를 취하면 차기를 당해도 두렵지 않다.
 소중한 급소도 잘 지켜지고 있는 데다 반격으로 즉시 옮아갈 수 있다.

19 주먹 ▶ 맹렬한 펀치를 반감시키는 페인트 기술

프로 야구의 시합에서 탁 하는 금속음을 남기고 크게 떠오른 타구가 홈런이라고 생각했더니 의외로 뻗지 못하고 펜스 못미쳐서 포구당하는 것 같은 장면을 텔레비젼을 통해 본 적이 있을 것이다.

그런 때 해설자는 대개 「아 짧네요, 배트의 중심에서 약간 벗어난 곳에 맞았기 때문에 뻗지 못했군요」하고 말한다.

배트의 중심에 공을 맞추지 않고서는 힘을 백 퍼센트 살릴 수가 없는 것이다.

주먹에 얻어맞았을 경우도 마찬가지라고 할 수 있다. 상대의 펀치를 정면으로 얻어맞게 되면 굉장한 충격을 받게 되지만, 그 펀치의 중심에서 조금만 벗어나 맞게 되면 그다지 충격을 받지 않는다.

문제는 어떻게 하면 상대의 펀치에 맞지 않게 하느냐 하는 것인데, 펀치가 날아오는 순간 목을 좌우라든가 뒤쪽, 비스듬히 뒤쪽이라도 좋으니 아뭏든 조금이라도 빗나가게 하는 것이다.

그것만으로도 첫번째의 충격을 줄이는데 충분히 도움이 된다.

풋나기의 펀치는 불의의 한방만 두렵다. 두 번째부터는 이쪽이 보는 눈도 확실해지고 태세도 제대로 갖추게 되니 별로 두려울 것은 없다.

첫번째의 충격만 가볍게 끝나면 두 번째 내지르게 되는 팔을 잡아 관절을 제압하고 항복을 시키는 것도 손쉬워진다.

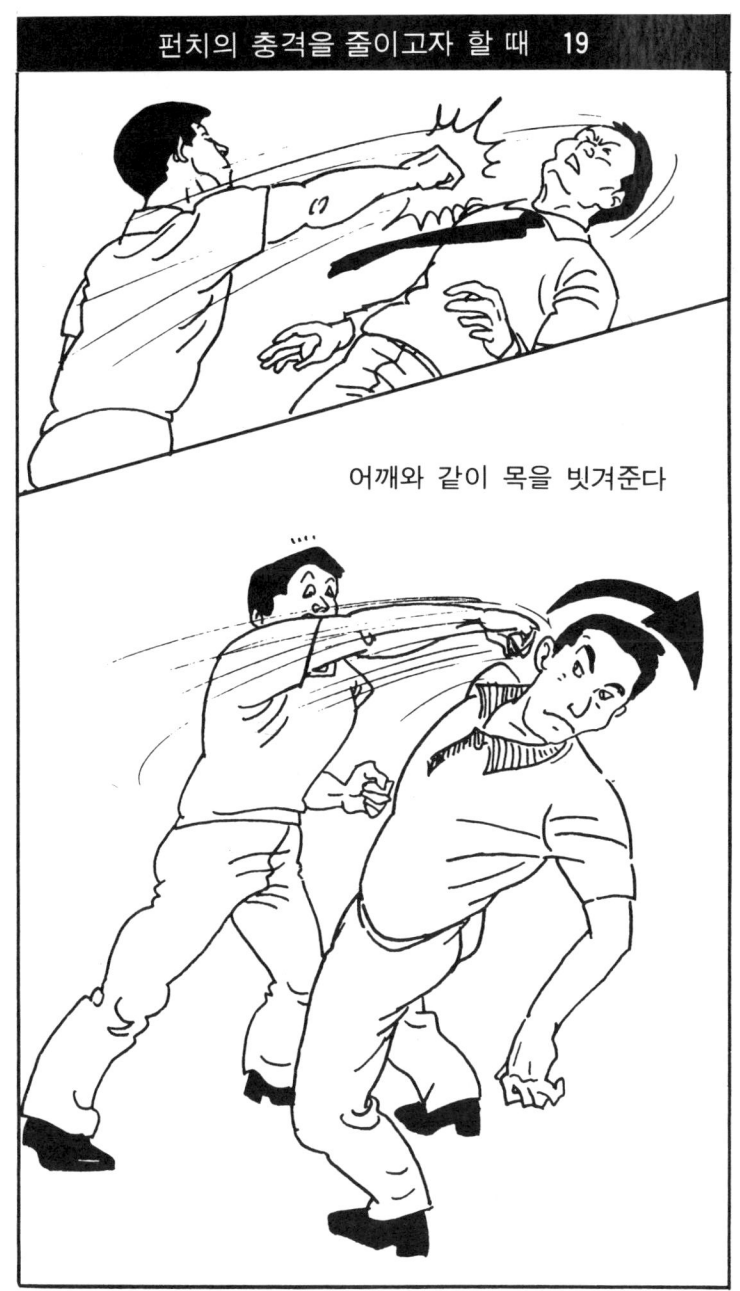

20 기본(基本)▶ "배꼽을 본다" 이것이 낙법의 최대 요령

　유도 선수가 되고자 하는 사람이면 이야기가 다르지만, 다만 취미로서 유도를 하려는 사람이면 어쨌든 낙법을 철저히 할 것을 권하고 싶다.
　유도의 메치기는 일상 생활에서는 거의 쓰이는 일이 없지만, 낙법만은 일단 익혀 두기만 하면 많은 도움이 된다.
　이것은 특히 체력이 없는 여성들에게 말할 수 있는 것이지만, 플랫폼에서 주정꾼에게 갑자기 떠밀려 쓰러진다든지, 또는 부부 싸움으로 남편에게 그만 떠밀리는 일이 있을지도 모른다.
　그런 때 불의에 당하고 무방비인 채로 털썩 뒤로 쓰러지기라도 한다면 후두부를 다치고 중상을 입게 된다.
　낙법을 모르는 사람은 두 손을 벌리고 쓰러지는 경우가 많은 법인데, 이렇게 되면 어깨나 팔꿈치를 다치게 된다.
　갑자기 뒤로 떠밀렸을 때라도 어쨌든 턱을 끌어당겨 자신의 배꼽을 보도록 하고 두 팔꿈치는 굽혀서 힘껏 겨드랑이 밑을 죄는 자세를 취할 것.
　이것이면 엉덩이로부터 떨어지는 꼴이 되고 후두부 등 소중한 부분을 지킬 수 있다.
　만약에 뒤로부터 힘껏 밀려서 앞으로 고꾸라지게 되면 반 걸음이라도 좋으니 한 발을 내딛고 남은 한 발의 발끝을 본다.
　이렇게 둥글인 자세에서 앞으로 딩굴면 거의 유도에서의 앞낙법과 같은 꼴이 되고 충격도 적게 받을 수 있다.

21 낫(갈고리) ▶ 자기의 손목 힘이 믿을 수 없을 만큼 배증(倍增)된다

낫이란 도구는 도회지 태생의 여러분도 알고 있을 것이다.

그 낫은 수천 년 전에 발명된 것으로 현재까지 전혀 모양이 바뀌지 않고 있다. 더구나 세계의 어느 곳에서도 한결같이 똑같은 모양을 하고 있는 것이다.

이것은, 낫이란 얼마나 합리적인 모양을 하고 있는가를 증명하고 있는 것이다.

그런데, 인간의 몸에도 쓰기에 따라서는 낫처럼 크게 도움이 되는 부분이 있음을 알고 있는 것일까?

손을 손가락 관절에서 구부려 엄지를 단단히 인지에 걸치고 예각(銳角)이 되게 해서 모으면 그것이 낫 역할을 해 준다.

예를 들면, 똘마니가 이러쿵저러쿵 트집을 잡은 뒤 당신의 앞가슴이라도 잡으려든다고 하자. 그래서 당신은 결심하고 재빨리 손목의 낫으로 상대의 목을 후려친다.

상대는 확실히 앞으로 고꾸라지게 된다.

그렇게 되면, 이어서 무릎의 접히는 부분을 뒤에서 걷어찬다. 이번에는 상대가 앞으로 폭 쓰러지게 될 테니 다시 무릎 뒤쪽을 꾹 짖밟아 주면 된다.

적은 종지뼈 부분의 격통 때문에 울며 사죄하게 될 것이다.

손목뿐만 아니라 발목도 손목과 마찬가지로 낫(갈고리)이 되는데, 이것은 상대의 무릎이 접히는 부분을 후려서 전도시키는 기술로 사용하면 효과 만점이다.

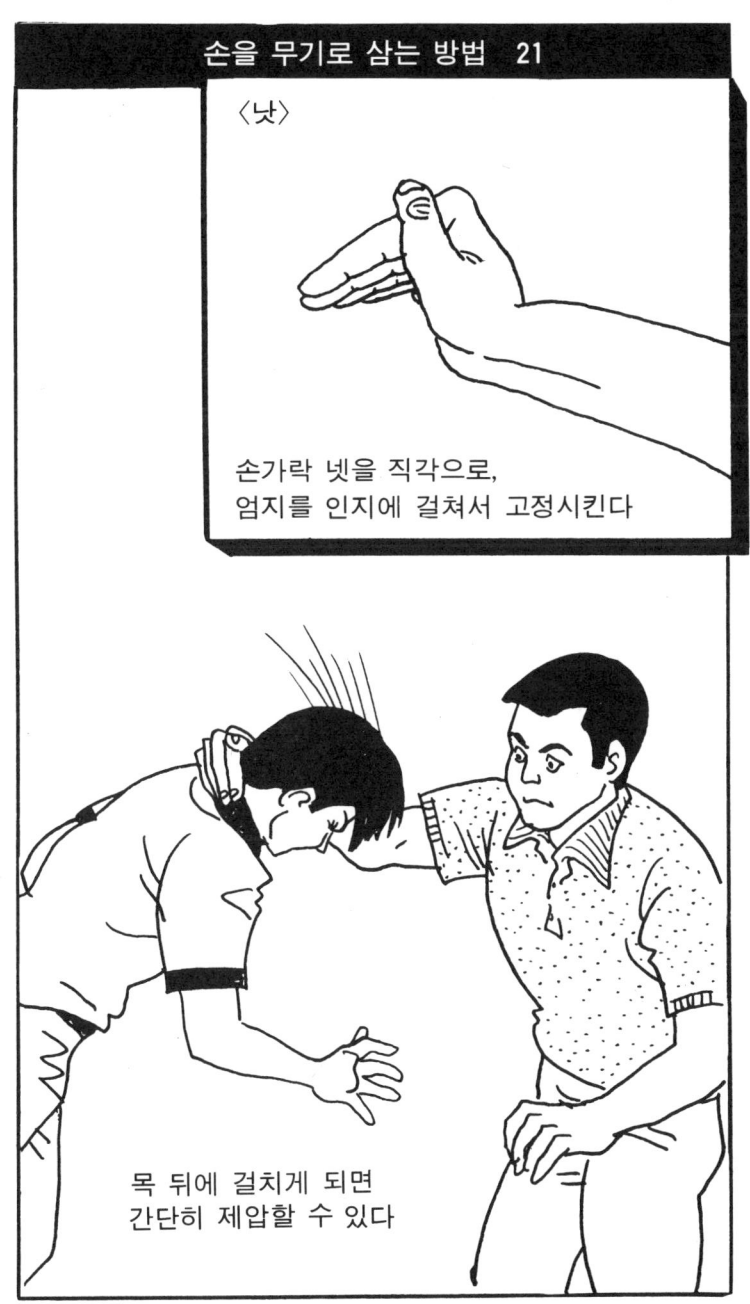

22 복사뼈 ▶ 자기 몸에 있는 이런 무기

칼에는 「물타(物打)」라고 일컫는 부분이 있다. 칼끝에서 세 치쯤 내려가서 도신(刀身)이 넓어지기 시작하는 부위를 말한다. 「물건을 자를 때 그 물건에 닿는 곳」이라고 사전에 있다. 즉, 칼에서 물건을 베는 곳이라는 뜻이다.

칼도 칼끝이나 날밑 가장자리로는 물건을 벨 수 없다. 「물타」로 베는 것이다.

그 칼의 「물타」에 해당하는 부분이 팔에도 있다.

수도(手刀)를 만들어 보자.

손바닥의 옆 부분이 칼끝, 손목의 뼈가 돌출한 부분이 「물타」인 것이다.

단련되지 않은 수도에는 거의 위력이 없으며 자칫 잘못하면 새끼손가락의 관절 등을 상하게 할 염려도 있지만 그 「팔의 물타」는 강하다. 일부러 단련하지 않아도 본디부터 강한 부분인 것이다.

그 손목의 「물타」(손목의 복사뼈를 말함)를 자기 방어술로 이용할 것을 권하고 싶다.

스낵의 카운터 너머로 앞가슴을 잡혔을 때 등 상대의 팔에 손목의 복사뼈를 톱처럼 이용해도 되고 때려도 효과가 있다.

내미는 상대의 팔을 뿌리칠 경우라도 그 손목의 복사뼈를 이용하면 상대의 충격은 커지게 된다.

또 엄지 쪽 뼈의 돌출부로 상대의 팔꿈치 관절 부분을 세게 때리는 것도 효과적이다.

상대의 발을 잡았으면 정강이를 그 복사뼈로 쳐도 되고 아킬레스건 밑에 대고 발목을 뻗치는 공격을 해도 된다.

어쨌든 간에 상대는 항복이 있을 뿐이다.

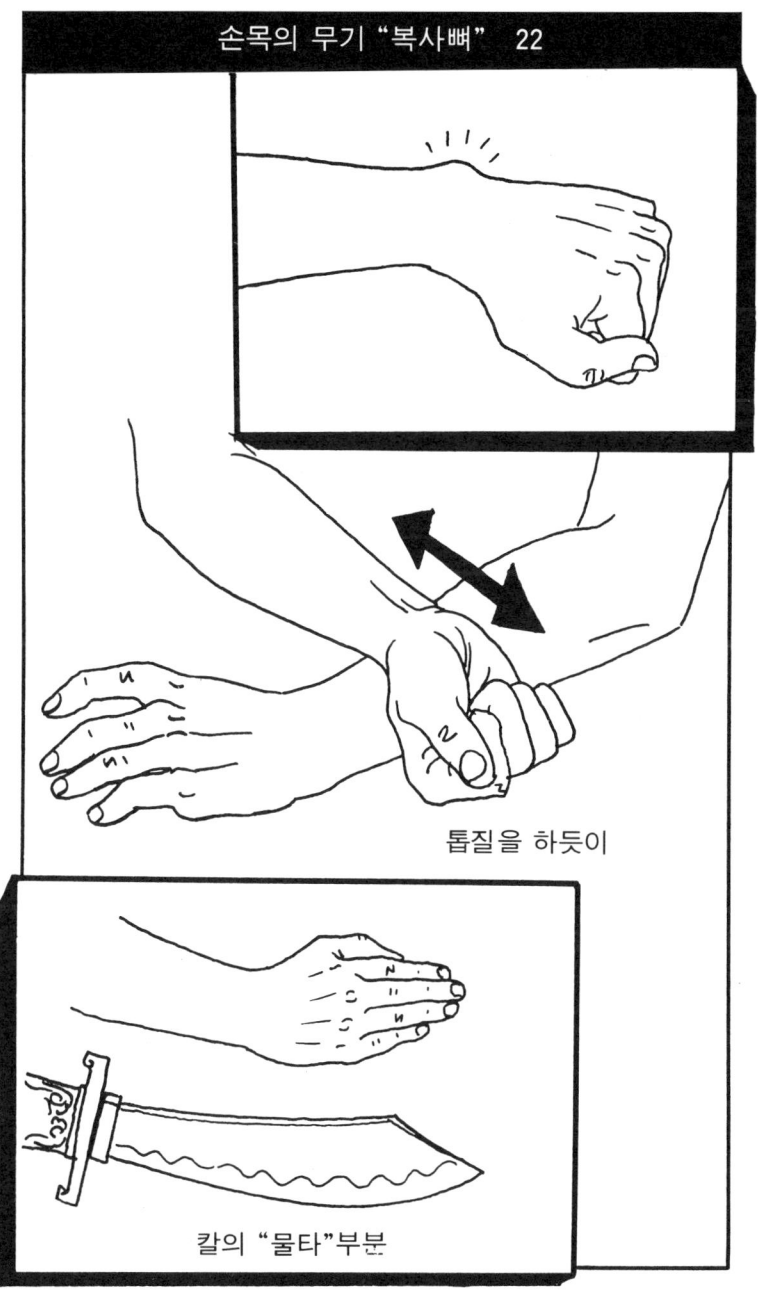

톱질을 하듯이

칼의 "물타"부분

23 인대(靭帶) ▶ 종지뼈의 5센티 위에 있는 급소

　차는 기술이라고 하면 이른바 돌려차기가 가장 멋지다.
　그리고 동시에 위력도 충분히 있는 것이지만, 그것은 발을 원(圓)운동시키기 때문인데 그만큼 가속도도 붙고 위력도 더한다.
　그렇지만 자기 방어술에서 돌려차기를 하는 것은 권하기 좀 거북하다. 풋나기의 돌려차기라면 그다지 스피드도 없으니 간단히 피하게도 되고, 자세 역시 아무리 하여도 불안정해져서 다음 공격을 받기 쉽다.
　설령 제대로 먹혀들었다고 해도 상대에게 충격이 커서 과잉 방어가 될 염려도 있다.
　몸을 지키기 위해 차는 기술을 이용할 때는, 상대의 발이 빨라서 당신이 아무리 도망치려고 해도 따라잡게 되는 경우일 것이다.
　그런 때는 상대의 종지뼈 바로 위의 부분을 겨누면 된다. 이곳을 차이게 되면 격통이 심해, 상대가 가령 백 미터를 11초대로 주파하는 육상 선수였다고 해도 차이고 난 뒤 5분 정도는 그 반의 속도로도 달리지 못할 것이다.
　이것이면 충분히 도망칠 여유도 생겨나게 될 것이다.
　차는 테크닉에서 기억해 주기 바라는 것은, 앞에서 찼을 경우에는 발목을 펴서 발등을 이용한다는 것.
　발끝으로 차면 위력이 적고 자신이 충격을 입을 염려도 있다.
　상대가 반신이 되어 있어도 발뒤꿈치로 차게 되면 상대는 한순간 웅크리게 될 것이다.

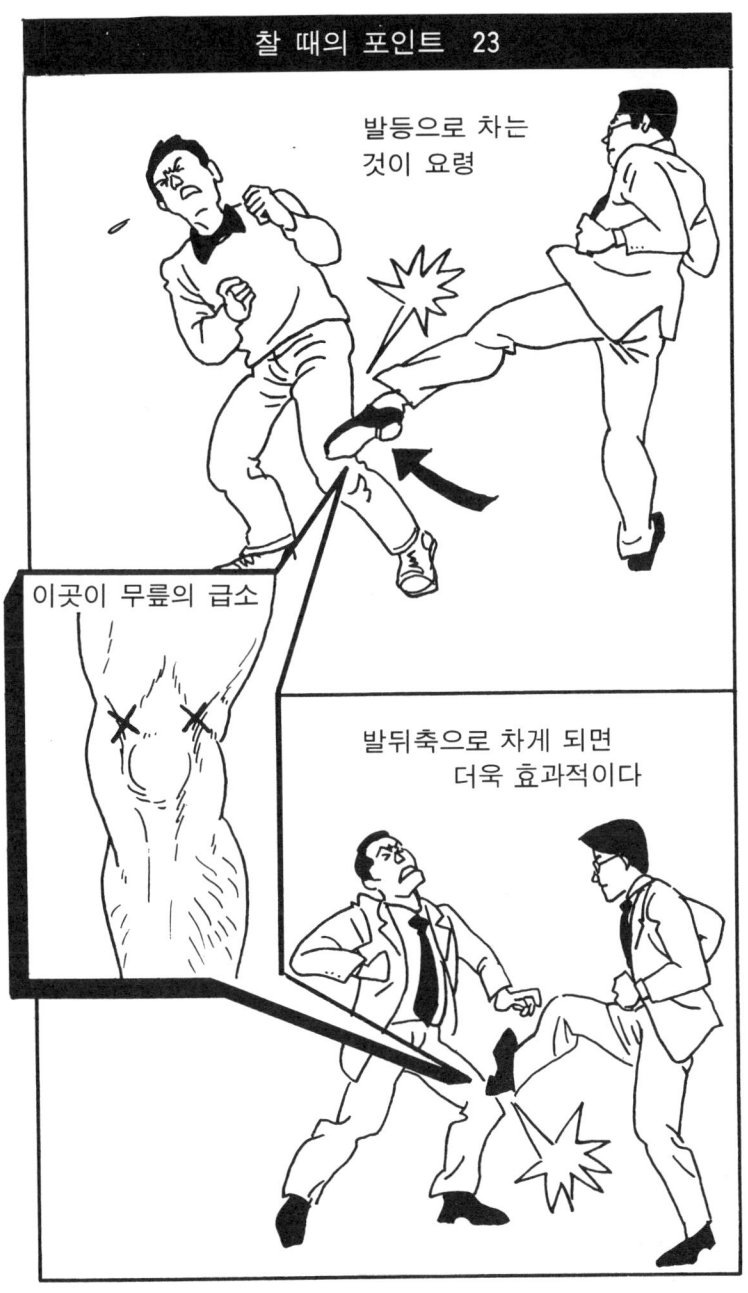

24 금지 기술 ▶ 풋나기라도 프로급의 펀치를 낼 수 있다

권투의 금지 펀치를 알아 두는 것도 몸을 지키는데 도움이 된다.

예를 들면 더블 후크. 이것은 샌드위치 펀치라고도 하며 금지 펀치의 대표적인 것이라고 할 만하다.

이 더블 후크가 금지된 것은 아마도 1930년대였다고 생각되는데, 그 이전에는 금지 사항이 아니고 무적임을 뽐낸 헤비급 세계 챔피언 죠 루이스가 장기로 삼은 펀치였다.

사람이 얼굴에 펀치를 먹었을 경우 두개골 속에서는 뇌가 혼들혼들 흔들리는 그 덕택에 어떻게 회복될 수 있지만, 더블 후크는 양쪽에서 충격을 받기 때문에 뇌가 흔들리며 움직일 여유가 없다. 그래서 완전히 뇌에 충격을 입는다.

죠 루이스가 이 더블 후크로 몇 사람의 상대를 휠체어 신세를 면치 못하게 했다는 것도 충분히 수긍할 수 있다.

그렇지만 몸을 지키는데 있어서는 금지 기술 같은 건 존재하지 않는다.

이제는 도저히 피할 길이 없을 때에는 양쪽의 손바닥으로 적의 귀 부위를 겨누고 펀치와 더블 후크의 요령으로 갈겨서 충격을 주는 것도 허용될 것이다.

그리고 또 한 가지, 마찬가지로 권투에서는 금지되는 플리커(flicker).

손등을 이용해서 바깥 향하기로 후리는 듯한 펀치인데, 이것 역시 금지될 만큼 위력이 뛰어나다.

상대의 펀치를 뿌리치는 요령으로 한방 먹이면 충분히 도망칠 여유도 생겨나게 될 것이다.

가장 효과적인 펀치 24

이 방어 자세가
몸을 지킨다

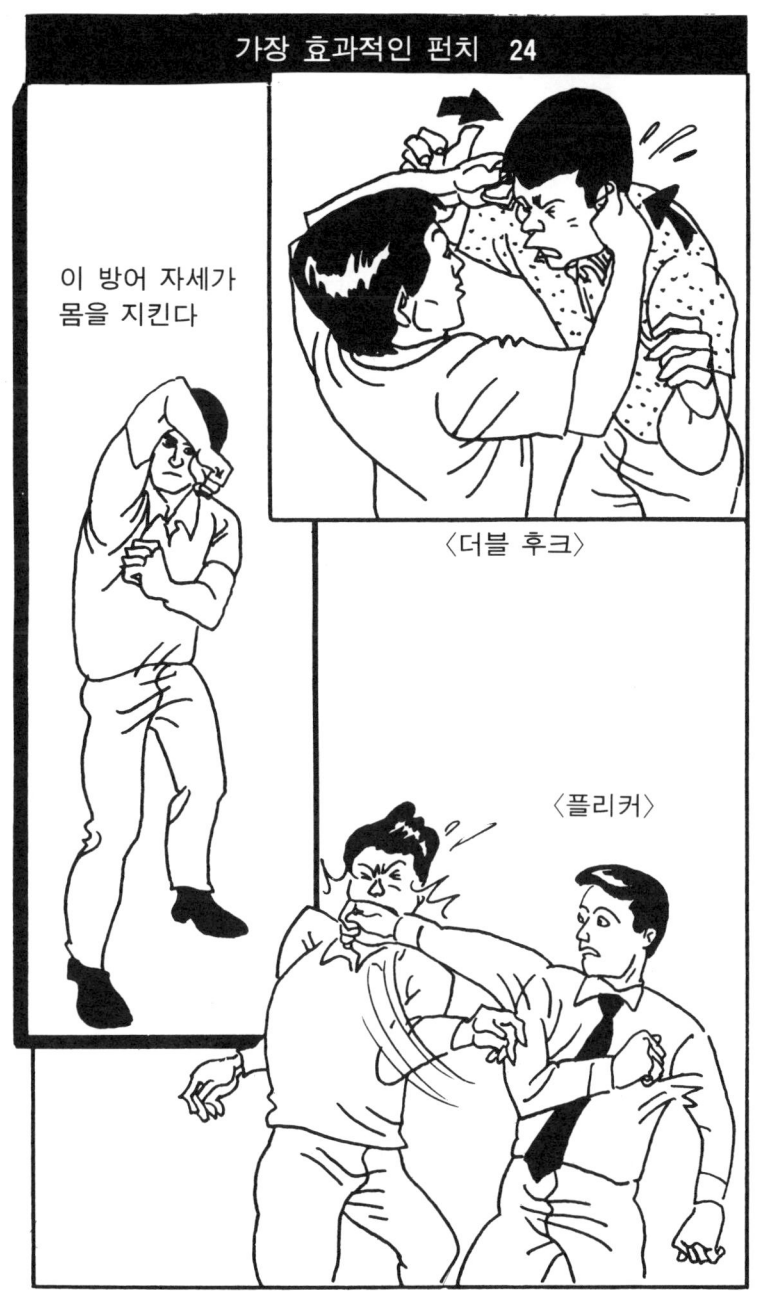

〈더블 후크〉

〈플리커〉

25 무릎 ▶ 누구나 다 걸려드는 진 척하고 이기는 비법

자기 방어술을 사용할 때의 마음가짐으로서, 절대로 과잉 방어가 되지 않도록 하라고 되풀이해서 말해왔다. 그 까닭은, 필자의 자기 방어술은 삼보의 기술을 기본으로 삼고 있으므로 상당히 강력하다. 잘못하다가는 상대를 골절시키는 것 같은 큰 충격을 줄 염려가 많기 때문이다.

또, 당신이 제대로 기술을 먹였을 때에 경찰관이 들이닥치고 당신이 가해자라고 착각하지 않는다는 보장은 어디에도 없다.

하기야 언젠가는 정당 방위였다는 것을 알게 된다고 해도, 파출소에 연행되어서 이것 저것 묻기라도 한다면 절대로 기분 좋은 일은 아니다.

역시, 상대가 괜히 시비를 걸어왔을 때라도 「그만두십시요」라든지 「용서해 주십시오」라고 하면서 상대를 달래는 것이 최상의 방법이다.

단, 그래도 상대가 말을 듣지 않고 위압적으로 「이 자식」하고 앞가슴을 잡으려고 든다면 이제는 하는 수 없다.

「용서하십시오」하면서 땅바닥에 꿇어앉는다. 그리고는 상대가 앞으로 내놓고 있는 발목을 당신의 양쪽 무릎으로 단단히 꽉 끼고 그 상태에서 또 「용서하십시오」하면서 모든 체중을 얹고 절한다.

이것으로 상대는 나딩굴게 된다.

포인트는, 가슴을 상대의 무릎에 대고 앞쪽으로 쓰러지는 것이다.

아뭏든 사죄하면서의 행위는 어디서 보아도 정당 방위라고 생각될 것이다.

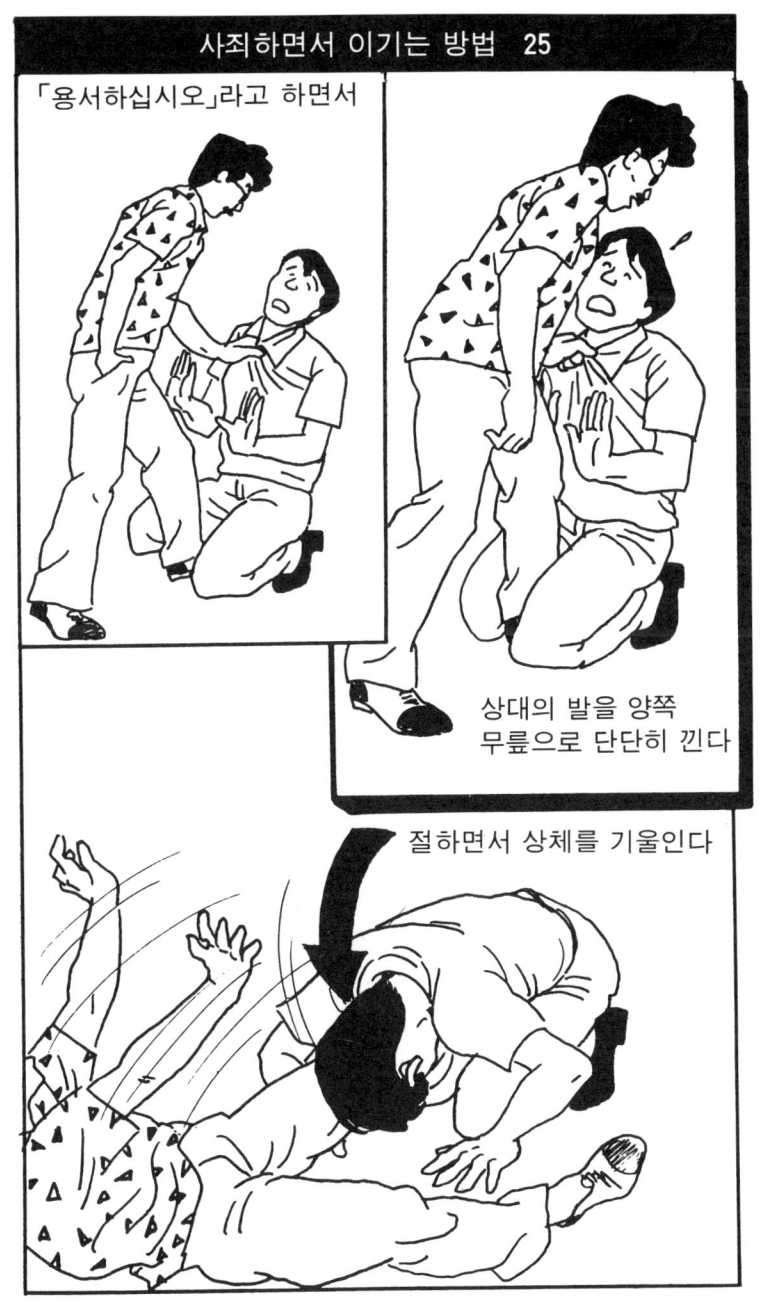

26 자세 ▶ 상대가 겁먹는 자세 취하기

당신은 고양이의 싸움을 구경한 적이 있는가?
고양이는 각각 일정한 영역을 가지고서 거기에 침입자(다른 곳의 고양이)가 들어오는 것을 싫어한다고 하는데, 만약에 그런 침입 고양이가 나타나면 어떻게 하느냐 하면, 먼저 심하게 우르렁거리면서 몸 전체의 털을 곤두세우며 등을 힘껏 높이 쳐든다.
침입해 왔던 고양이가 대단하지 않은 것이라면 대개는 그 기세에 압도당해서 맥없이 물러가고 만다.
말하자면 싸우지 않고서 이긴 셈이다.
자기의 몸을 지키려고 할 때도 이러한 위협 전법을 크게 활용해야 한다고 생각한다.
구체적으로 말하자면, 가령 주정꾼이 갑자기 일어서서 당신 곁으로 다가와 「이봐, 너 태도가 건방지다」하고 시비를 걸어왔을 경우, 당신은 오른쪽 어깨를 밀어내듯이 하여 반신으로 자세를 취하고 사납게 치뜬 눈으로 노려보기만 하면 된다.
마음이 약한 상대라면 이것만으로도 전의를 상실한다.
만약에 상대가 기가 꺾이면서도 그대로 물러서지 않을 것 같으면 천천히 아래쪽에서부터 상반신을 훑어 올리듯이 하며 일어서고 반신의 태세인 채 어깨를 으쓱거린다.
마치 씨름 선수가 준비 자세를 취할 때 조금이라도 자기를 과시하려고 하는 포즈와 같은 것인데, 그것으로 상대가 당신을 만만히 볼 수 없어서 순순히 물러나 준다면 다행이다.

강하게 보이는 요령 26

치뜬 눈으로 상대를 본다

어깨를 내고 불쑥 일어선다

3.
여성이 꼭 익혀야 할 방어술

《실용편》 여자경찰관도 몹시 놀란
그 효과적 기술

27 팔 ▶ 뒤에서 껴안았으면 이 역기(逆技)를 쓰면 된다

와와, 깔깔 하고 언제나 시끄럽기만 한 여자가 좋다는 남자도 없다고는 할 수 없겠지만 대체로 8할 가량의 남자 본심은 「여자는 상냥하고 우아하며 얌전한 쪽이 좋다」고 할 것이다.

그렇지만 치한에게 습격당했을 때와 같은 긴급 상태에 있어서는 얌전하게 당하기만 한다는 것은 정말이지 더할 나위 없이 어리석다.

여성만이 지닌 무기, 새된 목소리로 「살려 줘요, 살려 줘요」하고 소리지르면서 어쨌든 손발을 누가 뭐라해도 좋으니 버둥거리는 것이다.

치한은 뒤에서 껴안을 적이 가장 많은데, 필사적으로 손발을 버둥거리면 상대의 팔을 뿌리칠 수 있다.

버둥거리던 한 팔의 팔꿈치가 제대로 치한의 얼굴에라도 맞으면 상대의 기가 꺾이고, 도망칠 틈도 생겨날지 모른다.

요령은, 두 손을 끼고 팔꿈치를 편 모양으로 팔을 흔들 것.

팔꿈치의 힘은 굉장해서 팔꿈치치기가 상대의 어딘가에 맞기만 하면 상대에게 큰 충격을 입힐 수 있다.

그리고 또 한 가지, 여성이 뒤로부터 껴안겼을 때에 몸을 지키는 방법은, 어쨌든 그 치한이 앞으로 돌린 두 팔을 위에서 꽉 누르듯이 하고 모든 체중을 얹어서 매달리는 수이다.

아무리 여성이라고는 하지만 4, 50킬로의 체중은 될 것이다. 남자의 팔도 그 무게에 견뎌낼 리 없으니 확실히 뿌리칠 수 있다.

그 틈에 필사적으로 도망치는 것이다.

28 어깨 ▶ 팔꿈치와 손목, 대개의 남자는 이것으로 손든다

팔을 잡으려는 것 같은 치한이라면 조금도 두려울 것은 없다. 앞에서 잡혔을 때에는 팔을 힘껏 뒤로 스윙시켜 주면 되고 뒤에서 잡혔으면 비스듬히 앞쪽 방향으로 뿌리친다.

그것만으로도 쉽게 뿌리칠 수 있다.

치한에게 습격당했을 때에 우뚝 선 채로 가만히 내내 서 있기만 하는 것은 좋지 않다.

어떻게 해서든 몸을 움직이고만 있어도 반격의 찬스는 반드시 생겨나게 된다.

그럼 반격의 방법을 알아 보자. 팔을 뿌리치는 것만이면 치한은 끈질기게 자꾸 팔을 잡으려고 할 것이다.

어느 정도 단단히 충격을 줄 수 있는 방법으로 반격할 필요도 있다.

우선, 상대의 팔을 바스트를 만지게 하듯이 유인해서 단단히 겨드랑이 밑에다 꽉 껴안는다.

누르는 포인트는 치한의 팔꿈치와 손목인 것이지만, 그 포인트가 좀 벗어나도 끄떡없다.

힘껏 그 팔에 매달리기만 하면 된다.

이것만으로도 치한에게 상당한 충격을 줄 수 있다. 그리고는, 만약에 그 뒤 불쑥 일어서듯이 하면 치한의 어깨 관절은 깨끗이 삐게 될 것이다.

남자끼리의 다툼이면 이것은 과잉 방어가 될지도 모르지만, 여성이면 치한의 어깨 관절을 삐게 했더라도 전혀 문제가 되지 않을 것이다.

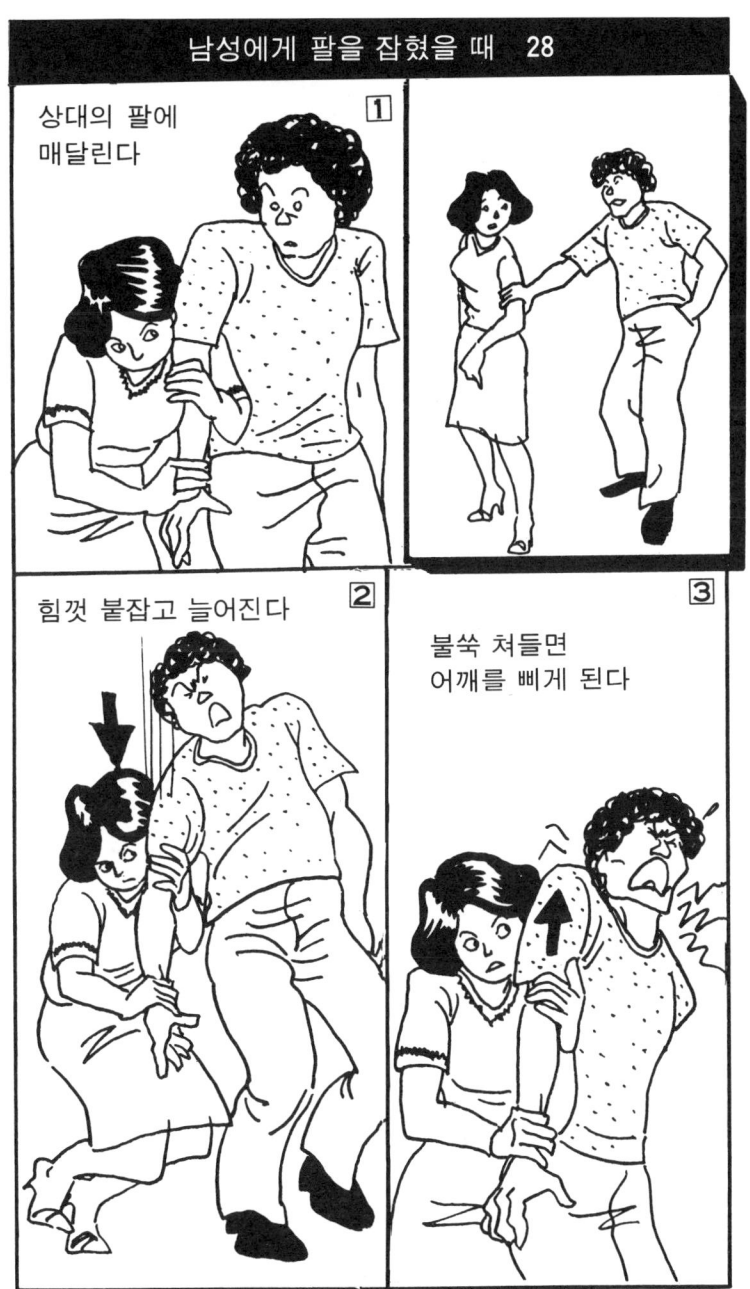

29 팔꿈치 ▶ 약간 누르는 것만으로 격통을 느끼게 하는 포인트

얼마 전에 이런 흉악한 사건이 있었다.

가출하여 디스코에서 춤을 추던 중학교 3학년 여학생이, 차를 가지고 있는 젊은 남자에게 유인되어 산중으로 끌려가서 흉기로 찔려 죽었다는 것이다.

그 범인인 남자는 아킬레스건까지 끊어서 도망치지 못하게 했다고 하니 어지간히 잔인한 자이다.

분명히 말하면 변을 당한 측에도 문제가 있다.

낯선 남자의 유혹에 따라간 것이라면 나중에 무슨 일이 일어나더라도 그 책임의 일단은 여성측에도 있다고 할 수 있다.

물론 당신의 여자 친구는 그런 여성이 아닐 테지만, 그렇다고는 해도 비열한 치한이 불의에 습격할 가능성은 항상 있다.

그런 때에 대비해서 이런 몸의 수비법을 그녀에게 가르쳐 주면 된다. 상당히 난폭한 성질의 치한이라고 한다면 오히려 유인하는 모양으로 지면에 누워 버린다.

치한은, 됐구나 하고 위로 올라타려고 할 테니 그 때에 앞가슴을 잡은 팔(한 팔도 되고 두 팔도 된다)을 손으로 잡고 단단히 고정시킨다. 그리고는 두 다리를 들어 상대의 어깨에 얹는다.

이것으로 준비가 모두 된 셈인데, 다음에는 다리를 단단히 죄어 상대의 팔꿈치를 제압하고 힘껏 히프를 쳐들게 되면 그렇게 강했던 치한도 팔꿈치의 고통으로 항복하게 된다.

이 기술은 몸이 딱딱한 남성이면 제대로 되지 않을지도 모르지만 여성이면 쉽게 할 수 있다. 꼭 익혀 주기 바라는 기술이다.

30 손가락 ▶ 새끼손가락 하나로 뒤에 뜻대로 할 수 있다

엿보는 취미와 치한과는 같은 성범죄자(性犯罪者)라고는 해도 얼마간 성질에 차이가 있다고 본다.

엿보는 취미란 것은 타인의 성행위를 바라보는 것으로 자기도 흥분을 느끼게 되는 것인데, 특별히 성에 굶주려 있는 것은 아니더라도 신선한 자극을 원하기 때문에 한다는 경우가 많은 듯하다.

그것에 비하면 치한 쪽은 분명히 욕구 불만에서 생기는 일이다.

따라서, 목적을 위해서는 수단을 가리지 않는다는 식으로 어쨌든 목을 졸라 여자를 기절시켜서라도 목적을 이루겠다고까지 생각하는 녀석도 많다. 그야말로 굶주린 이리 인간인 것인데, 그런 치한에게 쉽사리 목을 조르도록 할 수는 없다.

대개의 경우 뒤에서 한 팔을 감고서 힘껏 조르려고 하겠지만 아래턱을 내미는 것이 조르기를 당하지 않기 위한 첫번째 비결.

그리고는 우선 상대의 새끼손가락을 잡아떼듯이 한다. 새끼손가락을 빼게 되면 인간의 악력(握力)은 약해지는 것이니, 앞에서 말한 바와 같이 손가락 관절 하나만 더 앞으로 내어 상대의 손가락 전체를 쥐고서 떼어놓으려고 하는 움직임에도 쉽게 떨어진다.

팔을 잡으면 먼저 잡고 늘어질 것을 권하고 싶다.

어깨를 지렛대의 지렛목으로 삼아 매달리면 어떤 치한도 항복하게 될 것이다.

쥔 팔을 옆으로 뿌리치는 것만으로도 상대는 골풀무질을 하며 쓰러질 것이다.

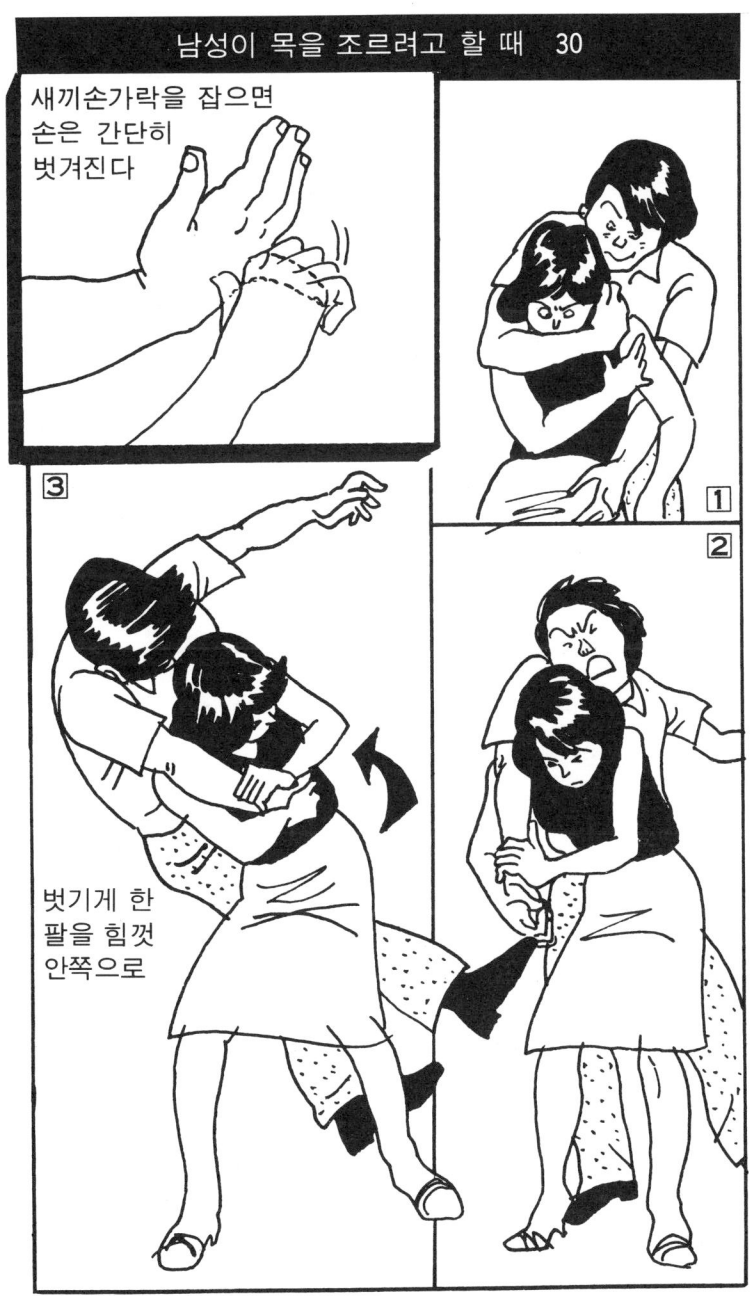

31 발등 ▶ 신변의 이런 것이 굉장한 무기가 된다

　이것은 어떤 비계공인 사람으로부터 들은 이야기다.
비계공은 아시는 바와 같이 건축 현장의 비계를 짜기도 하고 용마루 올리기를 하기도 하며, 높은 곳을 무서워하고서는 할 수 없는 직업.
　옛날부터 지붕 꼭대기에서 한두 번 떨어져보지 않고서는 제구실을 하지 못한다고 한다. 목숨을 건 직업이다.
　떨어졌을 때에 어떻게 하면 살아남을 수 있느냐 하면, 반드시 눈을 뜨고 손이 닿을 만한 나뭇가지나 전선을 찾아서 잡는 것이라고 한다. 떨어진 순간 「이제는 끝장이다」하고 체념하는 것이 가장 좋지 않다.
　여성이 치한에게 습격당했을 때도, 아뭏든 절대로 당해서는 안 된다는 강한 의지를 가지는 것이 긴요하다.
　그 의지만 있으면 반격도 할 수 있다.
　예를 들면, 어깨에 걸치고 있던 백을 휘두르는 것만으로도 치한은 다가서지 못하며, 백이 제대로 얼굴에라도 맞게 되면 약간의 충격을 입힐 수 있다.
　만약에 불행하게도 붙잡히게 되었을 때라도, 예를 들어 끼고 있는 반지를 이용해 상대의 손등 따위에 꾹 힘껏 눌러 주는 수도 있고 팔목시계를 차고 있으면 그것으로 눈 부위를 공격할 수도 있다.
　하이힐을 신고 있다면 그 뒤축으로 힘껏 상대의 발을 밟아 주는 것도 반격 효과가 크다.
　그런 신변의 무기를 이용하면 도망칠 수 있는 찬스는 얼마든지 생겨나게 될 것이다.

32 가랑이 ▶ 남용은 금물, 최후의 기술을 쓰는 법

흔히 남성 잡지에 여성에게는 강간을 당했으면 하는 소원이 있다고 실려 있지만 그런 터무니없는 말은 거짓말이다. 특별히 좋아해서 강간을 당하는 사람이 어디 있겠는가?

필자는, 강간 같은 짓을 하는 사나이는 「사나이답지 못한 놈」이라고 생각하지만, 세상에는 이런 사나이답지 못한 놈이 끊이지 않고 있다.

그래서 이런 사나이에게 결정적인 피해를 주는 멋진 방법을 가르치려고 한다.

간단하고 효과가 있다는 것이 입증되고 있는 것이다.

남성이 여성을 억지로 범하려고 할 때는 반드시 여성의 다리 사이로 몸을 넣게 된다. 그것이 노리는 점이다.

남성의 손은 앞가슴이나 목 부위에 있게 마련이다. 그 손목을 가볍게 누르고 남성의 고관절에 발바닥을 꽉 넣는다. 그리고는 다리를 힘껏 편다.

손목을 제압당하고 있기 때문에 마치 자동차에 짓눌러진 개구리 같은 모양으로 남성은 뻗고 만다.

경우가 경우인 만큼 인정사정 없이 해도 될 것이다.

또, 발을 고관절에 꽉 넣어야 한다. 대퇴 부위가 되면 발이 미끄러지기 때문이다.

만약에 이 때 자기의 손을 상대의 목에 크로스(cross)해서 걸칠 수 있으면 간단히 조를 수도 있다.

상대의 목을 조르면서 이 개구리 뻗기를 행하면 유단자라도 어려운 조르기로 간단히 제압할 수 있다.

이 기술은 강렬하니 남발은 엄금이다.

4.
돌발사고나 재난도 이 방법만이 몸을 지킨다

《응용편》 살아 남는 사람과 목숨을 잃는 사람의 차이는 이것이다

33 반신(半身)▶ 앉는 법 하나로 구사 일생 한다

 교통 사고의 기사가 신문에 나지 않는 날은 없는데, 차는 납작하게 찌부러졌는 데도 찰과상 정도로 살아남는 사람이 있다.
 「운 좋게도」라고 말하겠지만 이 방법만 알고 있으면 당신도 「운 좋은 사람」의 패에 낄 수 있다.
 필자의 친구 중에서 차를 운전하다가 두 번이나 큰 사고를 당했지만 두 번 다 살아남은 사람이 있는 것이다.
 그의 경우에는, 순간적으로 핸들을 꺾고 핸들 위에 양쪽 팔꿈치를 덮는 것으로 얼굴이나 가슴에의 쇼크를 줄이고 살아남았다고 한다.
 만약에 택시 같은 남이 운전하는 차를 탔을 경우에는 앉는 법이 생사에 관계되는 포인트가 된다.
 우선 반신이 되고 시트에 깊숙히 걸터앉을 것.
 자동차 추돌(追突) 등의 충격으로 생기는 목 부분의 장애는 추돌되고서 몸이 앞으로 기울어진 뒤 그 반동으로 몸이 뒤로 되돌려질 때에 목도 같이 뒤로 기울어져 경추(頸推)가 상처를 입게 되고마는 것이다. 반신이 되어 있으면 목을 지킬 수 있다.
 다음에, 뒤로 돌아간 몸이 또 한 번 앞으로 기울어져 앞 좌석의 등에 머리나 얼굴을 부딪칠 위험성에 대해서인데, 이것은 날쌔게 앞으로 내고 있는 쪽의 다리를 펴서 앞 좌석에 대어 버티게 하고 손바닥을 펴서 권투 선수가 방어하는 요령으로 얼굴을 지켜 주기만 하면 된다.
 이것만 실천하면 설령 자동차 사고를 당해도 상처를 가볍게 입을 수 있다.

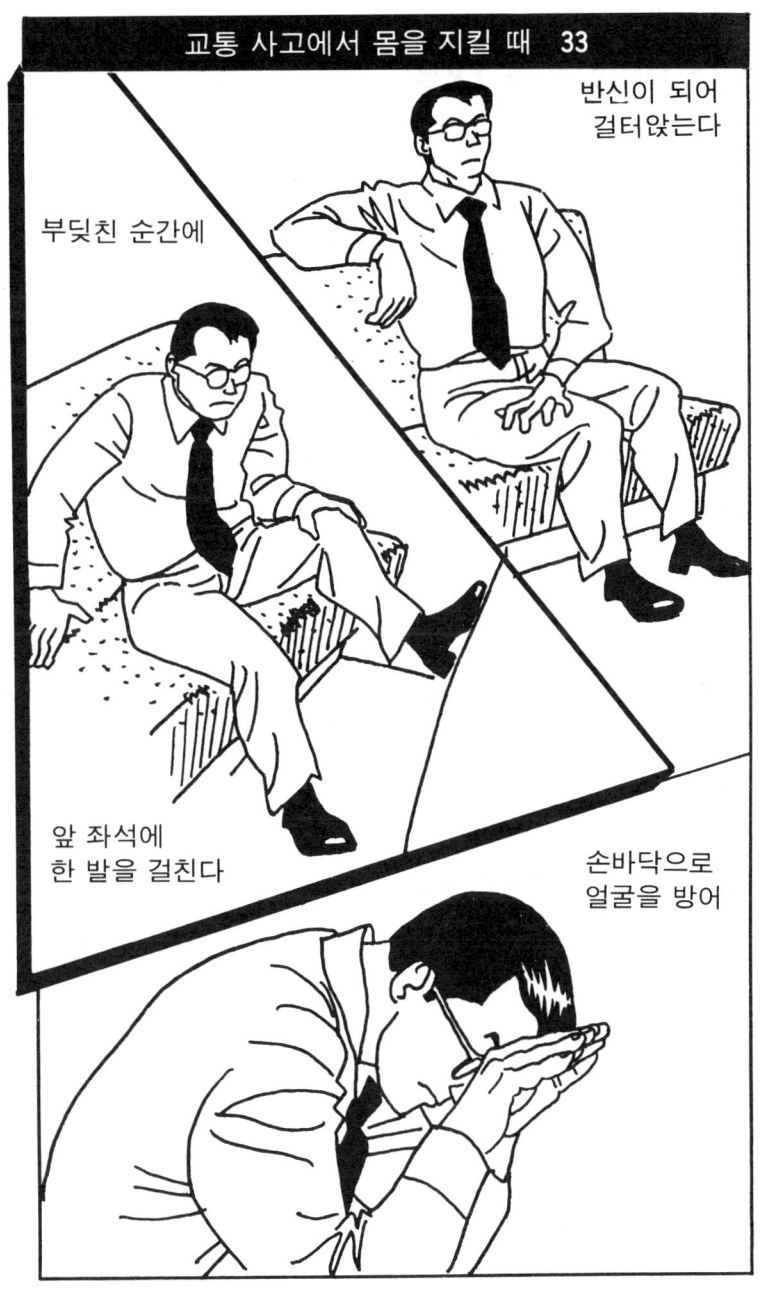

34 아래턱을 내밀다 ▶ 떨어지는 방법 하나로도 이렇게 위험해진다

사나운 말의 등에 타고 말이 깡총깡총 뛰는 것을 견뎌 얼마나 장시간 떨어지지 않고 있는가를 겨루는 로디오란 경기가 있다.

이것도 떨어졌을 때에는 상당한 중상을 입을 경우가 있는 모양이다.

중상을 입을 경우란 것은 대개 정해져 있어 공포심에서 언제까지나 고삐를 놓지 않다가 머리로부터 보기 좋게 앞쪽으로 내던져졌을 때에 많다고 한다.

러시아의 기마(騎馬) 민족, 코작인들로부터도 그와 똑같은 이야기를 들은 적이 있는데, 안전하게 떨어지는 법은 적당한 데서 반대로 고삐를 놓고 쓱 손을 움츠리고 아래턱을 내밀도록 해서 몸을 둥글이는 모양으로 떨어지는 것이라고 한다.

이 모양은 바로 유도의 낙법과 같으며 확실히 이치에 닿는다.

예를 들면, 불의에 계단 위로부터 밀려서 굴러떨어졌을 때에는 몸을 둥글이는 자세를 취해 주기 바란다.

오버 핸드 드로의 투수가 공을 내려던졌을 때의 포즈로 쓰러져도 몸을 둥글이고 떨어지게 된다.

그렇게 하면 별다른 상처 없이 빙글 한 회전을 할 수 있다.

또, 그 상태의 자세로 있으면 데굴데굴 굴러서 아래까지 가게 된다.

한 번 회전하면 얼굴을 옆으로 돌려서 어깨에 붙일 것. 그러면 몸은 반신이 되고 자연히 브레이크가 걸려 굴러떨어지지 않아도 된다.

35 반신 ▶ 전철안에서 밸런스를 취하도록 능숙하게 서는 법

레슬링 선수 중에는 실로 독특한 연습을 하는 사람도 있다.

예를 들면, 사자와 눈싸움놀이를 하기도 하고, 밤에 잠을 자다가도 잠을 깨우게도 하는가 하면, 버스 안내양들에게 흔들리고 있는 버스안에서 가장 안전하게 밸런스를 취하고 서 있을 수 있는 방법 같은 것을 묻기도 하는데, 이런 것은 요컨대 동물의 감각을 익히기 위해서라고 할 수 있다.

이에 대한 대답은, 먼저 진행 방향으로 향하고 서서 몸이 바깥쪽(진행 방향의 왼쪽)을 향하는 모양으로 반신이 될 것.

그리고는 무릎에 탄력을 주도록 하고, 무게 중심은 발바닥 전체에 얹는 것이 아니라 발끝 쪽(엄밀히 말하자면 엄지발가락과 새끼발가락, 발바닥의 장심(掌心)을 이은 삼각형 부분)에 얹는다. 이것이 제일이라고 한다.

당신이 버스나 전철안에서 가죽 손잡이를 잡지 않고 있을 때에는 부디 이 자세를 취해 주기 바란다.

설령 급브레이크가 걸려도 이 모양이면 앞으로 푹 고꾸라지지 않게 된다.

그리고서 만약에 급커브가 걸렸으면 버스나 전철의 리듬에는 맞추지 않도록 하고 역시 발끝에 무게 중심을 얹으며 자신의 리듬으로 몸을 흔들어 버린다.

그렇게 하면 탈것의 요동으로 몸의 밸런스를 잃고 휘청거리거나 쓰러지는 일은 없다.

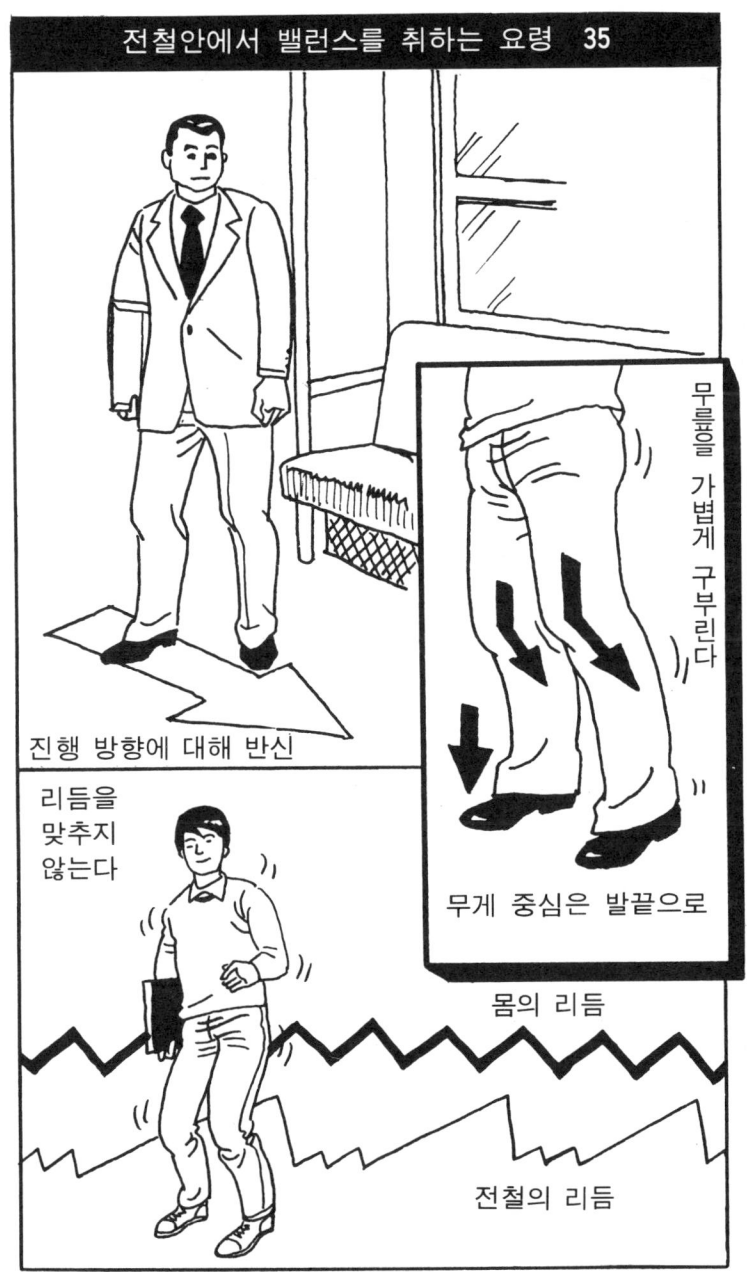

36 머리를 지키다 ▶ 불의에 뒤로 쓰러져도 곧바로 일어서는 놀라운 요령

의자의 등에 몸을 기대고 무념 무상(無念無想), 백일몽에 빠져 있다가 갑자기 밸런스를 잃어 뒤로「와당탕!!」하는 날카로운 소리와 고통으로 잠을 깼다는 등의 경험이 있을 것이다.

또 국민학교 어린이가 장난삼아 친구의 의자를 뒤엎고 그 결과 후두부를 다쳐 중상을 입었다는 이야기도 들은 적이 있다.

뒤에 눈이 없는 인간의 비극이지만, 실제로 의자와 같이 뒤로 넘어진다는 것은 의자가 등에 붙어 있는 만큼 낙법도 취하기 힘들므로 후두부를 다치기 쉽다.

성인이라도 의자의 안정이 좋지 않은 데도 크게 뒤로 기지개를 켰을 때든지 취해서 무게 중심을 잃고 의자에 기댔을 때 등, 의자와 같이 뒤로 넘어질 위험성은 충분히 가지고 있다.

그럼, 그런 때는 어떻게 하느냐 하면 무엇보다도 먼저 자기 배꼽을 보는 일이다.

이것은 "자기의 뜻과는 어긋나게 두 발이 지면에서 떨어졌을 때에는 반드시 배꼽을 보라"고 한 원칙으로 대치해서 생각해 주어도 된다.

배꼽만 보고 넘어진다면 소중한 후두부를 다치는 일만은 적어도 피할 수 있다.

물론, 그럴 때의 반동으로 후두부를 다칠지도 모르지만 두 번째의 타격은 충격이 적으니 끄떡없다.

또한, 이 때 들고 있는 발끝을 발레리나처럼 뻗으면 그 뒤 즉시 일어나게 된다는 것도 기억해 주기 바란다.

37 반걸음 전진 ▶ 플랫폼에서의 돌발 사고를 막는 방법

『고르고 13』이라는 극화가 있다.

알고 있는 사람도 많을 것이지만 주인공 고르고는 전문 살인 청부업자이다. 절대로 등 뒤에 타인을 두지 않는다는 것을 철칙으로 삼고 있다.

이것은 옛날의 검객에게도 해당하는 것으로 "뒤에서 덮치는 자는 무조건 베어 버려도 된다"고까지 쓰여 있는 지도서이다.

필자의 경우도 타인이 뒤에 있게 되면 아무래도 안정되지 않는다.

따라서, 플랫폼에서 전철을 기다릴 경우에도 기본적으로 줄 뒤에 서도록 하고 있으며, 담배를 피우기 때문에 재털이가 필요하기도 해서 기둥 가까이 있을 적이 많다.

이것은, 무슨 일이 생겼을 때라도 순간적으로 기둥에 매달릴 수 있다는 계산이 있기 때문이다.

개중에는 그렇게까지 신중을 기하지 않아도 되지 않느냐고 생각하는 사람이 있을지도 모르지만, 현실적으로 플랫폼 위에서 밀어서 떨어뜨리는 바람에 들이닥친 전철에 치어서 즉사한 일이 자주 있다.

신중을 기하는 것이 최상이다.

만약에 불행하게도 줄선 맨앞에 왔을 때에는 국민학교 체육 시간에 한 "차렷, 열중 쉬엇" 중에서 "쉬엇"의 자세를 취해 주기 바란다. 즉, 앞으로 반 걸음 내고 있는 쪽 다리의 무릎을 느슨하게 한다.

무릎에 여유가 있으면, 만일에 밀거나 찔리거나 했을 때에 브레이크나 쿠션 같은 역할을 해 주기 때문이다.

38 눈을 치뜸 ▶ 평소에 가진 시선의 습관으로 이만큼 달라진다

   대도시에서는 툭 하면 맨션이다 호텔이다 고층 빌딩이다 하는 식으로. 1년 내내 어딘가에서 건축 공사를 하고 있다. 그것에 모두다 아주 익숙해져서 태연히 그런 건축 현장 밑을 지나다니고 있다.
   그렇지만 조금만 생각해 보면 정말 무서운 이야기이다.
   언제 어느 때 해머 같은 공구가 떨어질지도 모르고 건축 자재인 철골 같은 것이 떨어질지도 모르는 일이다.
   「그렇다고 해서 노상 위를 보고 다닐 수도 없잖은가?」하고 말할지도 모르지만 필자는 절대로 조심하는 것이 좋다고 생각한다.
   물론 건축 현장 밑을 지날 때마다 입을 딱 벌리고 위를 보고 있으라는 것은 아니다.
   힐끗힐끗 치뜬 눈으로 보는 습관을 익히라는 말을 하고 싶은 것이다.
   만약에 뭔가 떨어져 왔을 경우라도 재빨리 그것을 보고 몸을 피할 수도 있다.
   몸을 피하는 방법으로는, 몸을 반만큼 홱 비틀기만 하면 피할 수 있을 정도의 작은 낙하물이면 물론 그 방식으로 된다.
   그렇지만 낙하물이 컸을 경우에는 그것으로는 도저히 피할 수 없는 것으로 과감히 앞쪽으로 점프하는 식의 모양으로 앞 낙법을 취해 주기 바란다.
   앞 낙법을 취하고 이동할 수 있는 거리는 의외로 있는 것이니, 상당히 큰 낙하물이라도 피할 수 있는 가능성은 충분하다.
   그야말로 구사 일생하는 식이 된다.

39 스킵 ▶ 북새통에서도 쑥쑥 걷는 뜻밖의 방법

스킵(skip)이란 말은 한쪽 발로 두 번씩 번갈아 뛰면서 나가는 운동을 일컫는 말이다.

춤 가운데에도 반신이 되어 스킵 같은 발의 운행으로 추는 춤을 볼 수 있다.

이런 춤을 보고 있으면 저도 모르게 같이 춤을 추고 싶기도 하다.

그렇게 춤을 추면서도 발은 절대로 교차하지 않고 가지런해지지도 않는다.

그런 춤을 출 때의 발 운행법이 북새통에서도 사람에게 부딪치지 않고 누비듯이 빠져 나가는 데에 도움이 된다.

예를 들면, 대도시 중심가의 보행자 천국 같은 북새통을 서두르는 통에 마주 스쳐 지나다가 누군가에게 어깨를 부딪쳤다고 하자.

「뭐야, 이 자식」하고 시비를 걸어오게 될 가능성도 충분하다.

그런 재난을 피하기 위해서도 대도시 중심가의 인파로 붐비는 북새통을 쑥쑥 누비듯이 남에게 부딪치지 않고 걷는 방법이 필요하게 된다.

이 보행법(步行法)은 사람이 많은 집회 장소나 만원 전철안에서 안쪽으로 들어갈 때에도 응용할 수 있다.

남에게 부딪치지 않고 걷는 방법 39

반신이 되어 어깨를 내는
것만으로도 비킬 수 있다

40 어깨 ▶ 앞에서의 충격에 대처하자면 어깨의 사용법 밖에 없다

 텔레비젼이나 영화 등에서 투우 장면을 보는 기회가 있다면 부디 투우사의 기본적인 몸 동작에 주목해 주기 바란다.
 그들은 맞서 오는 소를 피할 경우에 반드시 한쪽 어깨를 앞으로 쑥 내밀어 주는 동작을 취할 것이다.
 단지 몸을 열고 몸을 비키는 것만이라면 한 발을 한 걸음 뒤로 당기는 것만으로도 된다.
 그렇지만 그렇게 비키는 것은 만약에 소가 부딪치려고 왔을 때에는 뒤집히게 된다. 그런 만큼, 어깨를 내고 몸을 비키면 앞으로부터의 충격에도 충분히 견딜 수 있는 것이다.
 만약에 좁은 길을 걷다가 앞에서 과속으로 폭주차가 달려왔을 때에도 순간적으로 어깨를 쑥 내밀듯이 하면 차가 아슬아슬하게 당신 옆을 스쳐서 지나가게 될 가능성도 생기게 된다.
 만약 불행하게도 완전히 차를 피하지 못하고 퉁겼을 때라도, 그 어깨를 쑥 내민 자세로 있으면 퉁기고 떨어질 때도 어깨로부터 떨어진다. 상처도 가벼울 수 있다.
 그보다도 더 나쁜 상황에서, 정신이 들었을 때는 자동차가 눈앞에 닥쳤고 아무리 해도 피할 수 없게 되었을 때에는 되든 안 되든 점프하고 야구에서 공을 던지는 식의 모양으로 한 팔을 밑으로 휘둘러 준다.
 그렇게 해서 낙법을 하는 모양으로 튀길 수만 있다면 죽을 목숨이 중상으로 살아남을 가능성이 생기게 된다.
 난폭 운전도 많으니 그런 극한 상황에서 몸을 지키는 방법도 부디 익혀 주기 바란다.

41 위를 봄 ▶ 대지진이 와도 살아남는 3원칙

지진으로 죽었기 때문에 그때까지의 명성을 잃은 사람이 있다. 대학자로서 알려진 후지다 도오꼬(藤田東湖)가 그 사람이다.

그는 지진 때에 방안에 있다가 압사했다.

아무리 학자로서 뛰어나다고는 해도 무도(武道)에 소양이 없다면 훌륭한 무사라고는 할 수 없다.

후지다 도오꼬는 학문에 전념해 있는 동안에 무도 쪽이 소홀해지고 무사로서는 수치스러운 죽음을 당하게 된 것이다.

물론, 무도에 소양이 있었다고 해도 운이 나쁘면 지진의 피해로 죽을 수도 있을 것이지만, 당시의 책 같은 것을 보면 무도에 소양이 있는 사람이 살아남았다고 한다.

그럼 당시의 무사들은 어떻게 하라는 가르침을 받았느냐 하면, 먼저 대밭에 뛰어들라고 하거나 나무가 서 있는 옆으로 가라는 것이었던 모양이다.

단, 큰 나무 옆만은 금물로, 큰 나무가 부러진 뒤 되튀어 오는 것에 당할 경우가 많기 때문이라고 한다.

또는 강에 뛰어들라고 하거나 울타리에 기대라거나 집안에서 밖으로 도망칠 때에는 덧문을 머리에 쓰라고 하거나, 이 밖에도 여러 가지의 말이 있었다고 한다.

개중에는 현재에도 그냥 그대로 통용되는 것이 있는가 하면, 반대로 지금 시대에는 적합하지 않게 된 것도 있다.

예를 들면, 대밭에 도망치라고 해도 말대로 대밭이 있을 리도 없고 강이 있어 뛰어들어도 물이 깊어 물에 빠지게 될 위험성도 있다.

울타리에 기대라고 해도 옛적에는 판자 울타리이기 때문에 말할 수 있는 것으로, 현대의 블록 울타리이면 최근의 지진 때의 예를 보고도 알 수 있듯이 오히려 가장 위험하기도 하다. 머리 위에 블록이 무너져 내릴 가능성 쪽이 더 많은 것이다.

그렇다면 내일이라도 지진을 당한다고 했을 때 어떻게 몸을 지킬 것인가?

이런 때는 어쨌든 테이블 밑 같은 데에 몸을 숨길 것을 권하고 싶다.

테이블에는 네 개의 발이 달려 있으니 어지간한 압력에도 견딜 수 있다. 설령, 최악의 경우 위에서 지붕 같은 것이 떨어지게 되는 사태가 되어도 테이블로 방어할 수 있어 피해를 적게 입을 수 있다.

그 때 조심할 것은 엎드리는 것이 아니라 위를 보고 테이블 밑으로 들어가라는 것이다.

항상 어떤 상황인가를 확인하는 냉정한 눈, 그것이 자기의 몸을 지키는 큰 비결이 되는 것이다.

만약에 테이블 같은 것이 없을 때에는 **되도록 기둥 가까이 몸을 기대면 된다.**

집이 붕괴될 때는 중앙은 몽땅 함몰(陷沒)하지만 네 구석은 기둥이 부러지더라도 다소의 빈틈이 생긴다고 한다. 거기에 몸을 둘 수 있을 것이다.

그 다음에 장농 쪽에 몸을 기대는 것도 된다. 서랍이 떨어지기 때문에 다소의 상처는 입어도 장농이 위로부터 떨어져 오는 지붕의 타격은 막아 주게 될 것이다.

만약에 밖으로 도망치려고 할 때에는 덧문이든 미닫이든, 혹은 프라이팬이나 냄비라도 무방하다.

어쨌든 머리를 방어하는 것을 잊지 않는 것이 중요하다.

지진으로부터 몸을 지킬 때는   41

큰 나무에 접근하지 말라

미닫이가 당신을 지켜 준다

42 허리 ▶ 아무리 무거운 짐이라도 쉽게 들 수 있는 한 걸음 전진법

역기란 경기는 물론 알고 있을 것이다.

무거운 바벨을 기합 소리와 함께 들어올리는 힘 겨루기 경기인데, 그 역기 때에 신는 경기화(競技靴)가 좀 색달라서 발뒤축 부분이 높아져 있는 것이다.

만약에 이 경기화가 아니고 굽이 낮은 운동화 같은 것을 신고 바벨을 들기라도 한다면 큰일난다. 당장 허리를 다치게 되는 것이다.

바꾸어 말하면, 무거운 것을 들어올릴 때에는 발뒤축을 들도록 하지 않고서는 허리에 부담이 과중하게 얹히는 것밖에 되지 않는다.

요즘은 젊은 사람에게도 단련법이 부족하기 때문인지 척추 분리증이 늘어나고 있다는데, 척추 분리증의 경험자의 말을 들어보면 대개 발바닥 전체를 바닥에 대고 무릎을 편 채로 무거운 것을 들어올렸을 때에 당했다는 경우가 많다.

척추 분리증이 되지 않기 위해서는 물건을 들어올릴 때는 무엇보다도 발뒤축을 바닥에 대지 않고 무릎을 구부려서 여유를 주는 일이 중요한 것이다.

만약에 꽤 무거운 짐을 부득이 들어올리지 않으면 안 될 경우라면 한 걸음 내딛고 기합 소리와 함께 들어올리는 방법이 좋다.

한 번 시험해 보면 알게 되는 일이지만, 이것이 어느 정도 무게가 있는 것이라도 의외로 쉽게 들어올릴 수 있다.

물론 척추 분리증이 될 걱정도 전혀 없다.

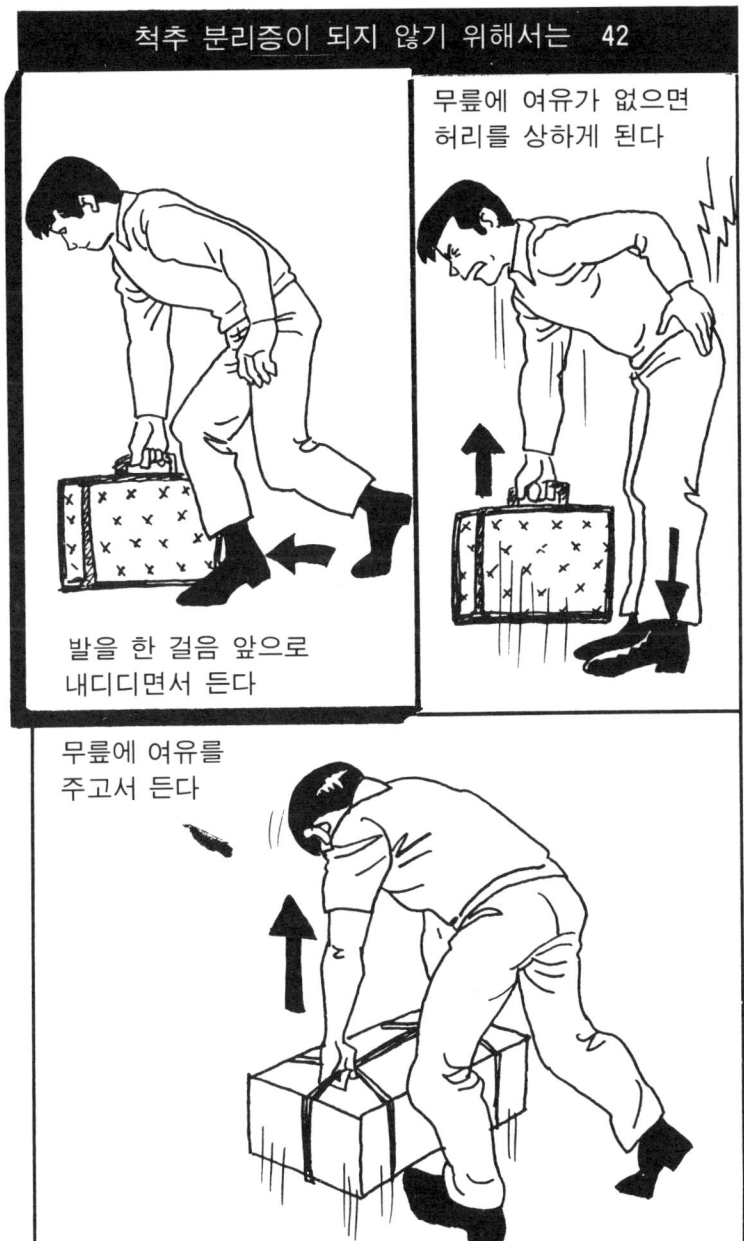

5. 갑절이 되는 결정적 수의 효과를 알아 두자

《포인트편》 일단 유사시의 절대적인 방법

43 아랫도리 ▶ 남몰래 확실하게 몸을 단련한다

 필자는 47세이지만 배는 튀어나오지 않았고 근육도 선수 시절 정도는 아니더라도 제법 단단하다.
 학생과 유도 연습을 해도 아직은 지지 않을 자신도 있다.
 「그것은 선수 시절에 남보다 갑절이나 연습해서 단련했기 때문이다」라고 하겠지만, 어쨌든 "어떻게 하면 손쉽게 이기느냐"가 최대의 목적이었을 정도이니 대강의 사정은 상상할 수 있을 것이다.
 그렇지만, 그렇게는 말해도 남이 보고 있지 않은 곳에서는 적지 않은 노력을 하고 있었다. 예를 들면, 택시 같은 것은 거의 타지 않았고 두세 정거장 정도의 거리라면 꼭 걷도록 했다. 그것도 그저 망연히 빈들거리고 걷는 것이 아니라 꽤 빠른 걸음으로 걷는 것이다.
 이것만으로도 매일 같이 계속하게 되면 제법 아랫도리의 단련을 하는 것이 된다.
 그 다음에 계단. 이것도 아랫도리, 특히 무릎의 탄력을 키우는 데 절호의 도구가 된다.
 그렇다고는 해도 계단을 이용해서 뭔가 특별한 운동을 하자는 것이 아니라 비스듬한 방향의 2단 오르기와 2단 내리기를 실행하는 것만으로도 된다.
 요령은, 발뒤축은 대지 않고 발바닥 끝쪽 반 정도만 계단에 대고 힘을 내듯이 꽤 빨리 오르내린다. 이것을 반복하고 있으면 무릎 관절이나 고관절이 반대적으로 움직이게 된다.
 자기 방어술에 숙달해 있는 당신이라면 꼭 흉내내 주기 바라는 바이다.

계단에서 아랫도리를 단련한다 43

발뒤축은 대지 않고 발끝으로 오른다

비스듬한 방향으로 오르면 효과적이다

44 반사(反射) ▶ 방어술의 기본 "겨드랑이를 죈다"

필자는 연습에 둔한했지만, 그래도 "옆 달리기"의 연습 정도는 준비 운동으로서 자주 하고 있었다.

두 발을 어깨 넓이보다 약간 넓게 벌리고 옆 일직선으로 가지런히 하여 발의 폭을 좁히지 않도록 하며 옆 방향으로 사뿐한 걸음으로 달리는 것인데, 이것을 하고 있으면 몸의 균형 잡기가 능숙해지니 이상하다.

사람이 없는 밤길을 걷고 있을 때 등, 이 옆 달리기를 해보면 어떨까?

당연히 자기 방어술을 보다 효과적으로 성공시킬 경우 도움이 되기도 한다.

걸으면서의 자기 훈련법으로는 우선 기본적으로 이마에 땀이 배어나올 정도의 빠른 걸음으로, 여기에 무릎에 여유를 주며 걷는 식의 보행법을 익혀 주기 바란다.

그리고 때로는 전신주 등을 장해물로 간주하고 그 방향을 향해 곧바로 걸어가서 부딪치기 직전에 슬쩍 어깨를 장해물 옆으로 넣어서 피한다는 식의 연습을 해 보는 것도 좋다.

이것도 반사 신경을 키우는 데에 크게 도움이 된다.

또, 겨드랑이를 죄는 감각을 익히고 싶다면 팔 밑에 엽서 한장이라도 끼고 걸어보는 것도 한 가지 방법이다.

이것을 계속하고 있으면 자연히 팔과 가슴에 근육이 붙어 우람해지게 된다.

또, 근육이란 것은 일단 유사시에 쉽게 움직일 수 있도록 유연해야 하며, 그러기 위해서는 걸을 때에 노상 중완(中腕)을 흔들흔들하는 운동도 빼놓을 수 없다.

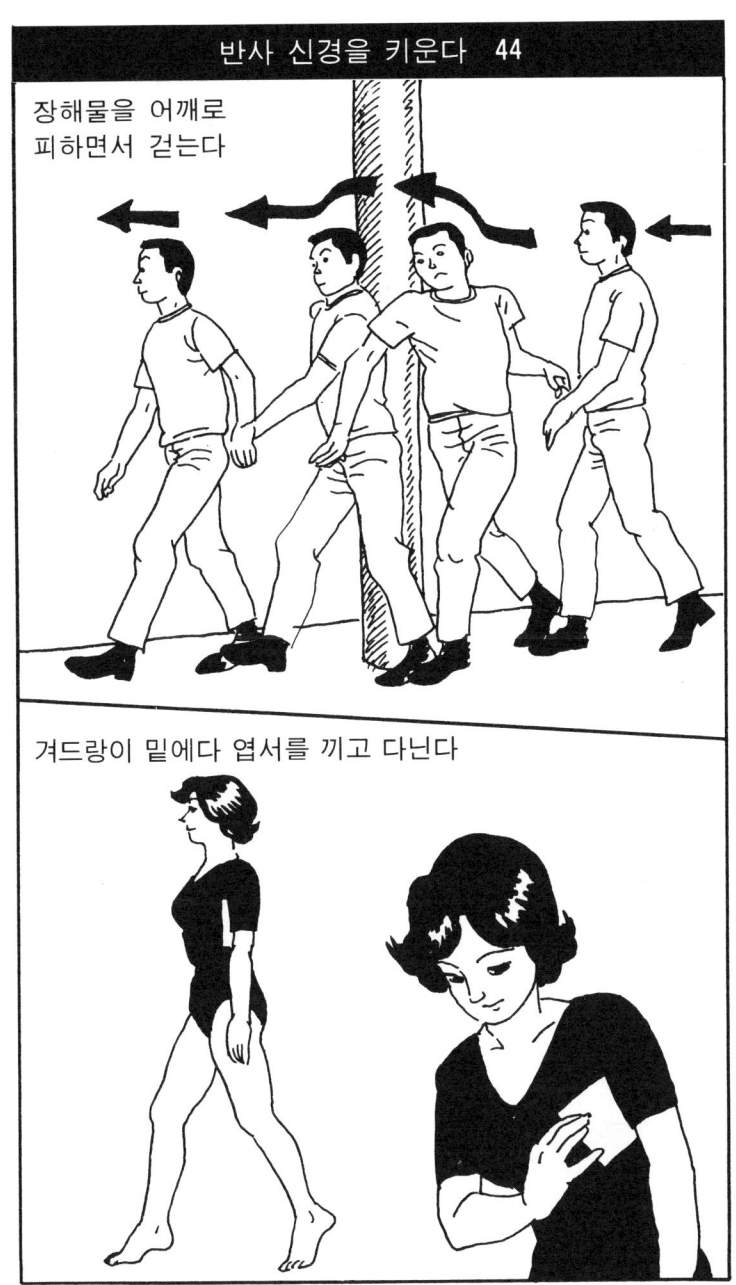

45 무릎 ▶ 몸을 지키는 삼각형의 원칙

「어때, 유도를 해 보지 않겠느냐?」고 말하면 흔히 이런 대답을 듣게 된다.

「유도라니, 싫어요. 왜냐하면 안짱다리(O脚)가 되니까요」

확실히 필자의 주변에 있는 유도 선수의 하반신을 바라보아도 안짱다리식이 많다.

안짱다리식이라고 굳이 말한 것은 무릎을 붙이려고 하면 꽉 붙일 경우가 많기 때문인데, 그렇다고 꼭 진짜 안짱다리는 아니다.

안짱다리로 보이게 되는 것은 유도 뿐만 아니라 격투기의 선수는 무릎에 여유를 주는 것이 습관으로 되어 있기 때문이다.

그리고 그것이야말로 격투기에서 상대의 움직임에 지지 않고 따라가기 위한 필수 조건이기도 하다.

따라서, 자기의 몸을 지키려고 할 때에는 무릎에 여유를 주고 선다는 것이 당연히 필요해지게 된다.

물론 평소 때는 날씬하게 뻗은 긴 다리를 과시하고 있어도 되는 것이지만, 적에게 표적이 되었을 때에는 그런 무방비한 자세이면 세게 떠밀리는 것만으로도 나딩굴지도 모른다.

무릎에 여유를 주어 반신으로 자세를 취하고, 얼굴을 약간 수그러질 정도로 하여 아래턱을 내밀며 상대를 치뜬 눈으로 본다. 그리고는 양팔도 팔을 죄는 모양으로 갖추게 되면 완전하다.

이 자세를 바로 위에서 보면 두 발바닥의 중심과 턱끝이 보기 좋은 삼각형을 그리게 될 것이다.

무릎은 용수철이나 쿠션이 되는 것이다.

46 반신 ▶ 당장 익힐 수 있는 빈틈없는 일어서기와 자세 취하기

스낵 등에서 「이봐, 너! 많이 건방지군. 밖으로 나와」하고 시비를 걸었을 때 당신은 어떻게 서는가?

준비 없이 두 발을 가지런히 한 모양으로 섰다고 한다면 약간 위험하다. 가슴을 세게 떠밀리는 것만으로 뒤로 나자빠지게 된다. 모처럼의 자기 방어술을 쓸 틈도 없이 큰 충격을 입게 될 것이다. 역시, 의자에서 일어설 때에도 즉시 빈틈없는 자세로 옮겨질 수 있게 되지 않으면 안 된다.

그럼 어떤 일어서기를 하면 되느냐 하면, 아뭏든 두 발을 가지런히 하고 서는 것이 가장 위험하다. 잘 쓰는 발(오른발) 쪽을 한 걸음 내딛는 모양으로 의자에서 일어서게 하면 된다. 그러나 해 보면 알게 되지만 이 동작은 간단한 것 같으나 의외로 스무스하게 되지 않는다.

따라서, 오른발을 한 걸음 내고 일어서며 오른손잡이면 오른손으로 오른쪽 무릎을 탁 치고 동시에 오른발을 내딛는다.

이번에는 스무스하게 될 것이다.

이 동작을 자연스럽게 할 수 있기 위해서는 역시 평소 때부터 습관이 되게 할 필요가 있다.

이것은 필자 자신이 하고 있는 것이지만, 전철이나 버스 좌석에서 일어설 때에 반드시 무릎을 손바닥으로 탁 치고 한 걸음 내딛는다는 식의 방식을 실행하면 된다.

이렇게 하고 나면 자연히 반신이 되고 어깨가 나온 전경(前傾) 자세가 된다.

이 자세이면 전혀 두려울 것이 없다고 할 수 있는 것이다.

47 무릎 ▶ 싸움을 잘하는 것같이 보이고 싶을 때는 이런 포즈를 취한다

필자는 필자 뒤에 사람이 있으면 어쩐지 기분이 좋지 않다.

그래서 술집에 갔을 때 등에도 입구에는 앉지 않고 가장 구석진 쪽의, 주점 안 전체를 바라볼 수 있는 자리에 앉도록 하고 있다.

그리고서「여, 안녕하시오」하고 이 사람 저 사람에게 생긋 웃으며 말을 건다.

이런 식으로 상냥하게 굴면「이상한 아저씨군」하는 생각은 들게 해도 싸움을 걸어오는 확률은 낮기 때문이다.

싸움을 걸어오지 않는다면 그 이상의 일은 없다.

참된 의미에서의 자기 방어술이란 무엇보다도 싸움을 걸어오지 않게 하는데 있다고 생각한다.

그렇지만 그만큼 조심해도 개중에는 미친 개 같은 똘마니가 있게 마련인데, 그런 경우에는 어쩔 수 없이 상대를 하지 않으면 안 되지만, 만약에 상처를 입히지 않고 상대를 무마할 수 있다면 그것이 상책이다.

그러기 위해서는 싸움을 잘하는 것같이 보일 필요도 있는 것으로, 의자에서 일어설 때의 그 모습으로 상대하면 되는 것이다.

반신에서 앞으로 나와 있는 무릎에 여유를 주고 또한 무릎 위에 손을 대고 있는 자세이면 정말로 빈틈이 없고 상대도 손찌검을 하지 못하게 된다.

그런 자세로「그만둡시다. 사이좋게 한 잔 합시다」고 하며 상대의 기분이 누구러지기까지 기다려 주면 된다.

싸움을 잘하는 것같이 보이는 자세 취하기 47

앞으로
나와 있는
무릎에
여유를 준다

무릎 위에
손을 두면
완벽하다

반신이 된다

48 손가락 ▶ 전철안에서도 근육은 단련할 수 있다

러시아의 속담에 "백마(白馬)는 우아하게 물 위를 흐르지만, 수면 아래에서는 끊임없이 다리를 움직이고 있다"는 말이 있다. 얼핏 보기에 느긋한 것같이 보이지만, 실제로 보이지 않는 곳에서는 굉장히 노력하고 있다는 것이다.

필자도 노력이란 것은 보이지 않는 곳에서 해야 한다고 생각한다.

필자가 격투기 선수로서 보이지 않는 어떤 노력을 했느냐 하면, 예를 들어 전철안에서 가죽 손잡이에 매달릴 때에 그냥 망연히 매달리는 것이 아니라 새끼손가락, 무명지, 중지의 세 개만을 가죽 손잡이에 걸치고 새끼손가락에 힘을 주도록 하며 손목을 안쪽으로 향하도록 한다.

사실은 새끼손가락 하나로 잡고 있는 모양으로 충분한 것이지만 그렇게 되면 아무래도 눈에 거슬리게 보일 것 같다는 생각에서 세 손가락을 걸치고 있다.

이 모양을 하게 되면 확실히 겨드랑 밑은 죄어진다. 그리고, 당연히 팔의 근육도 단단해지게 되는 것으로 아주 뛰어난 근육 트레이닝이라고 할 수 있는 것이다.

그밖에도 평소에 부담없이 할 수 있는 근력 트레이닝은 많다. 합장하는 모양으로 두 손을 마주하여 특히 손목에 가까운 부분을 힘껏 밀어붙이거나, 팔꿈치를 편 모양으로 두 손의 손가락을 끼고 서로 힘껏 끌어당기는 식의 훈련을 매일 각 10~20초씩 하는 것만으로도 효과 만점이다. 무릎 사이에다 공을 끼는 연습을 하는 것도 다리의 근력 향상에 도움을 주게 된다.

꼭 실행하기 바란다.

49 겨드랑이 ▶ 여성이면 이 훈련만은 익혀 두라

어떤 마음 약한 아버지가 있어 자식을 때리는 것은 말할 것도 없고 야단치지도 못한다.

이대로이면 응석동이로 자라나게 되고 변변한 어른이 되지 않는다는 생각에서 일념 발기(一念發起).

빌딩의 옥상 등 인기척이 없는 곳에 가서 열심히 큰 소리를 내는 연습을 했다. 그랬더니 그럭 저럭 제대로 호통을 칠 수 있게 되었다는 것이다.

여성만이 가진 무기로서「살려 줘요—」하고 외치는 새된 목소리가 있다고 앞에서 말했지만, 일단 유사시 기죽어서 소리를 내지 못하게 되면 큰일이다. 위에서 예로 든 아버지를 본받아 평소 때부터 큰 소리를 내는 연습을 해 주기 바란다.

그리고, 여성이 몸을 지킬 경우에는 어쨌든 오로지 발버둥치고 있으면 활로가 열리기 쉽다는 것도 앞에서 말한 대로이다.

제대로 팔꿈치치기 펀치가 맞을지도 모르고 손톱으로 할퀴는 것도 효과가 있다.

다만, 그것만으로는 아무래도 효력이 약하다. 역시 발버둥치고 있는 동안에 상대의 팔을 붙잡도록 해 주기 바란다. 그리고는 상대의 팔을 겨드랑이 밑에다 낄 수만 있으면 다음에 여러 가지의 기술을 걸 수 있다.

팔꿈치이면 바깥쪽으로 힘껏 구부리는 것만으로도 효과는 있다. 또, 상대의 팔을 꼼짝 못하게 할 수도 있다.

따라서 여성이면 높은 곳에 있는 것을 집은 뒤 **홱** 팔꿈치를 낮추는 식의 습관을 꼭 붙이기 바란다.

그 훈련만으로도 몸을 지킬 확률은 크게 높아진다.

50 복근(腹筋) ▶ 하루 열 번으로 배가 줄어드는 새 방법

 필자가 시합 전에 하는 준비 체조는 단지 두 종류 뿐이다.
 우선 한 가지는 위를 향한 채로 하는 것으로, 벌렁 드러누워서 오른발로 몸을 가로지르는 모양으로 크게 흔들어 내고 그 발뒤축을 왼손으로 잡는다는 식으로 이것을 좌우 각각 열 번 정도씩 행한다.
 현재 운동 부족의 경향이 있는 사람에게는 다소 힘든 운동일지 모르지만 하고 난 뒤의 상쾌감은 더 말할 나위 없을 것이다.
 그리고 또 하나의 운동은 엎드려서 하는 것으로, 오른발을 흔들어 내어 몸 좌측의 되도록 먼 지점에다 발끝을 착지시켜 준다.
 이것 역시 좌우 교대로 해 주기 바라는데 각각 열 번씩 하면 효과는 확실하다.
 요령은, 상반신은 일으키지 않고 눈은 착지한 발을 주시하는 것으로, 몸을 트는 느낌은 상당히 상쾌할 것이다.
 누구의 말따마나 「이것만, 이것만으로 나는 시합에 임한다」고 하지만 이것에 플러스해서 둘이 짝짓고 한 사람이 말이 되어 주는 모양의 복근 운동도 하루 열 번 정도 실행해 주기 바란다.
 이것이면 복근 강화는 완전하고 다소 얻어맞아도 끄덕없는 튼튼한 복부가 되는 것과 동시에 단단해져서 여성에게 인기가 있는 배 만들기도 되는 것이다.

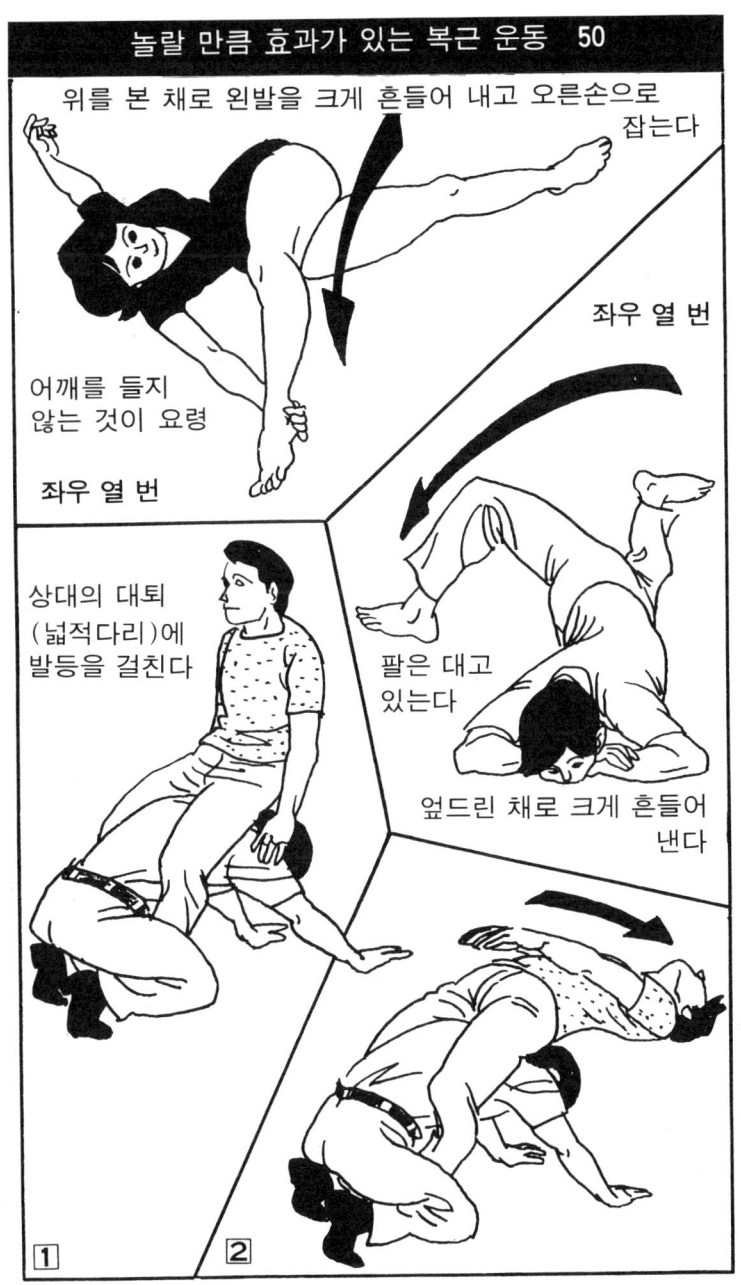

부 록
모든 인간에게 공통된 위크 포인트

〈부록1 턱〉 거한(巨漢)은 이런 공격에는 누구나 약하다

필자는 시합 때 상대와 마주보고 얼굴을 맞대는 것이 어쩐지 서툴렀다.

상대가 무서운 얼굴을 하고 있으면 약간 기죽게 되고, 반대로 귀여운 얼굴을 하고 있게 되면 정이 가서 기술을 써서 제압하는 것이 불쌍하기만 하다.

따라서, 반드시 손바닥이나 팔꿈치를 이용해서 상대의 얼굴을 젖히도록 하고 있었는데 상대에게 있어서는 이것이 말할 수 없이 불쾌한 것이었던 모양이다.

인간의 턱이란 것은 의외로 약한 부분이므로 별로 힘 같은 것을 주지 않아도 간단히 젖힐 수 있다.

자기 방어술의 기본기로서도 꼭 익혀 주기 바란다.

또 한 가지 턱의 공격법에서 익혀 두어야 하는 것은 턱은 밑에서 위로 공격하면 약하다는 것이다.

씨름 등에서 알 수 있는 일이지만, 손바닥으로 턱을 미는 수에 걸려서 턱을 들게 되었을 때에는 거의 저항하지 못하고 밀어내기를 당하고 만다.

따라서 상대가 앞가슴을 잡으려고 들 때에는 즉시 반신이 되어 상대의 팔을 펴고, 크롤의 팔 놀림으로 상대의 팔을 꼼짝 못하게 한 뒤에 얼굴을 젖히게 할 수 있으면 상대를 뒤로 넘기는 것이나 앞으로 넘기는 것이 자유자재로 된다.

그리고 손바닥으로 턱을 미는 수 같은 모양으로 턱을 들게 하고 옆으로 붙어 발끝으로 상대의 발뒤축을 고정시키고 혁대를 잡아 뒤로 끌어당겨 준다.

이것만으로도 충분히 몸을 지킬 수 있다.

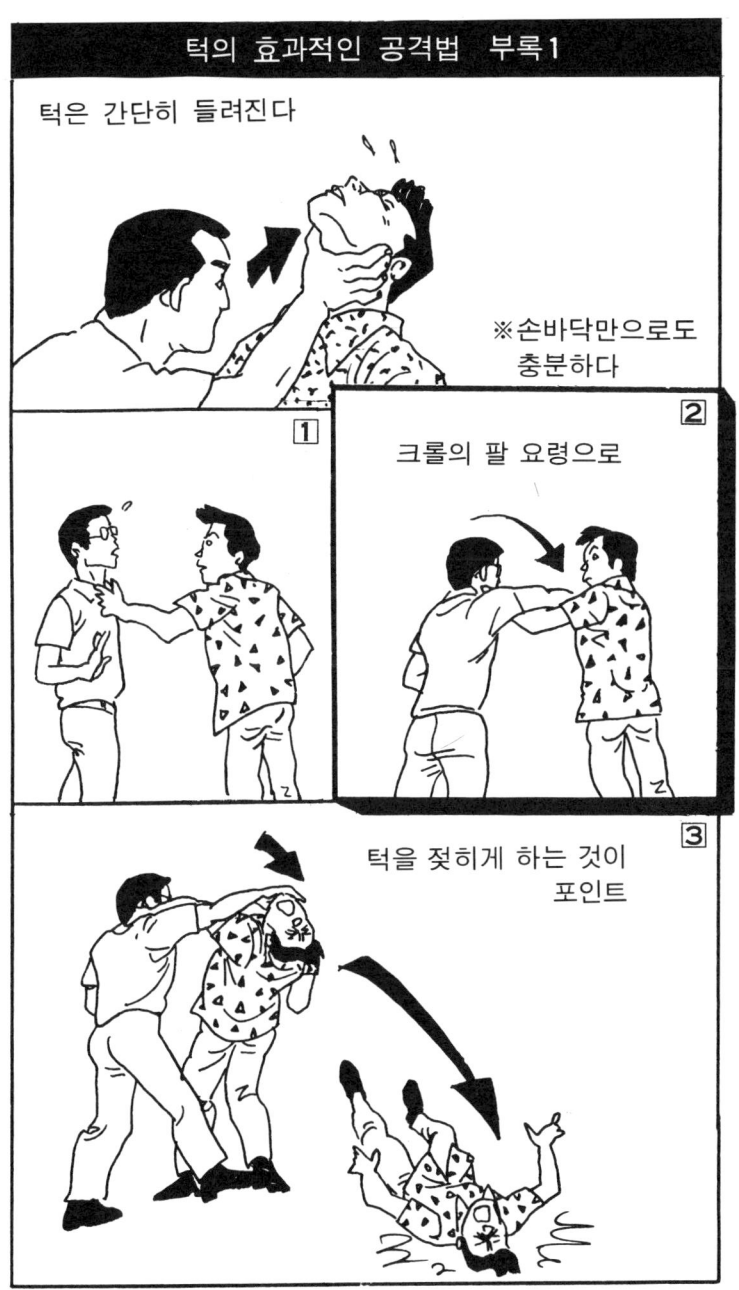

〈부록2 팔꿈치〉 팔꿈치 관절은 바깥쪽으로 미는 것이 기본

우리들이 평소에 무심코 사용하는 팔꿈치 관절.

그렇지만 잠깐 생각해 보면 알게 되지만, 이 팔꿈치 관절이 제대로 구부려져 주지 않으면 물건을 잡는 데에도 부자유스럽고 글씨를 쓰는 것도 큰일인 데다 식사를 하는 일만해도 제대로 되지 않을 것이다.

그렇게 소중한 것이라면 가능한 한 열심히 단련해 두려고 할지도 모르지만 유감스럽게도 그렇게는 되지 않는다.

팔꿈치 관절을 포함해서 관절이란 것은 모두 단련할 수가 없는 것이다.

관절은 단련하지 못하니 철저하게 그곳을 공격하라고 말해 왔지만 싸움을 걸어오는 상대의 여러 관절 중에서 가장 가까이 있는 것이 팔꿈치 관절. 즉, 팔꿈치 관절을 공격하는 방법의 기본은 한 손으로 상대의 손목을 고정시켜 지렛대의 지렛목으로 삼고 나머지 한쪽 손으로 상대의 팔꿈치를 바깥쪽으로부터 밀어 주면 된다.

팔꿈치 관절은 일반적으로 굽어 있는 방향의 반대로 구부리게 되면 격통이 심해 견뎌내지 못한다.

이 기본기의 응용으로는 손목을 누르기까지는 같지만 팔꿈치를 누르고 돌려 주는 식의 기술도 생각할 수 있다.

이 기술도 간단히 할 수 있는 데 힘을 너무 주게 되면 골절이나 뼈게 할 정도로 충격이 크다.

상대가 아무리 덩치 큰 사람이라도 팔꿈치만 공격하면 여유 있게 몸을 지킬 수 있다.

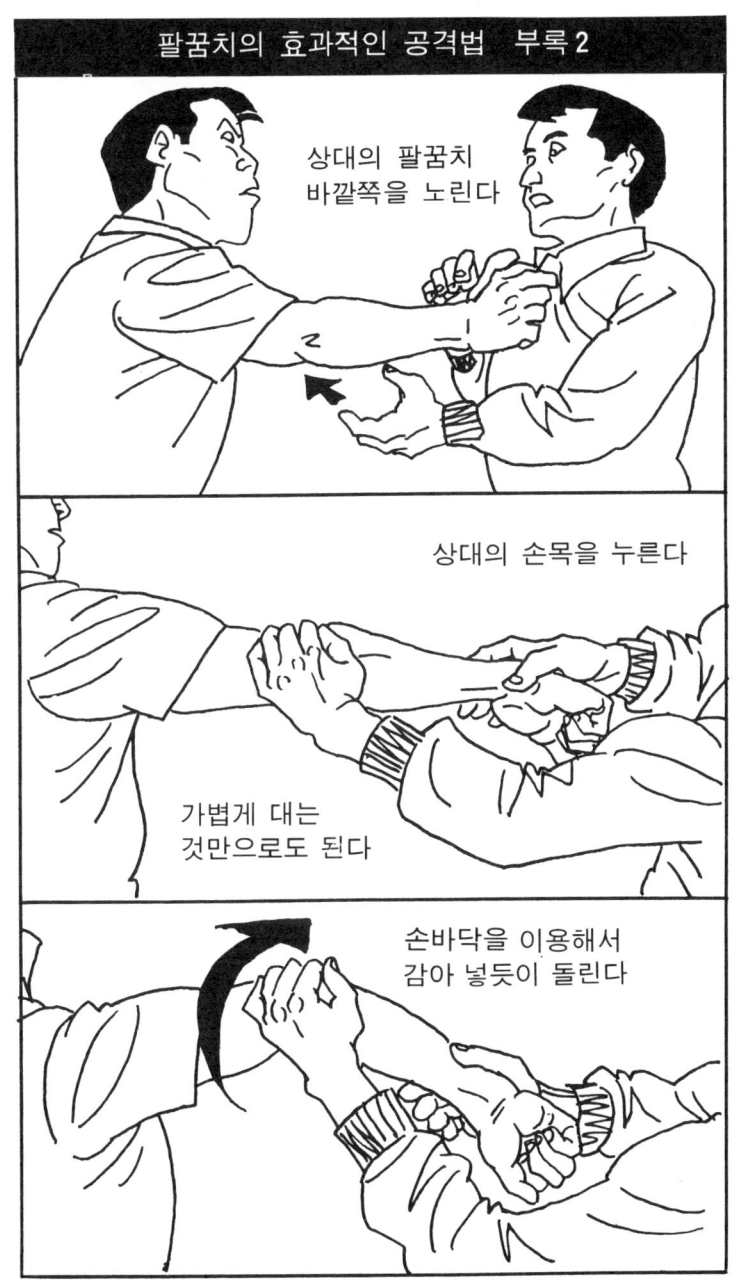

〈부록3 허리〉 신나게 수가 먹혀드는 허리 공격법

지키는 자세로는 반신으로서 약간의 전경(前傾) 자세가 최상이라고 했지만, 그것은 허리가 완전히 펴지지 않은 것을 의미하고 있다. 반대로 말하면 허리가 완전히 펴진 자세는 무방비하다는 것이다.

만약에 싸움을 건 상대의 허리가 펴져 있다면 그곳을 공격하는 것이 좋다.

허리의 공격법에서 가장 간단한 것은, 두 손으로 상대의 허리를 끌어당기며 턱을 상대의 어깨에 대고서 상체와 체중을 이용하여 힘껏 허리를 꺾는 기술이다.

잡고 늘어지는 곳은 허리가 최상이다.

조심해야 하는 것은 머리를 너무 수그리지 않는 것으로, 귀를 상대의 심장 부위에 꼭 붙이는 모양이 좋다. 그리고는 「번개가 친다. 앗, 무서워」 하는 것 같은 느낌으로 필사적으로 잡고 늘어지면 상대의 허리를 완전히 펴서 무방비 상태로 만들 수 있다.

적의 등뒤에서 허리 관절을 제압하려고 할 경우에는, 상대의 양쪽 손목을 쥐고 한 발의 발바닥을 허리에 대며 밀어내듯이 하고, 동시에 잡고 있는 양쪽 손목을 힘껏 끌어당겨 준다. 이것으로 적은 이미 꼼짝하지 못한다.

그 다음에 응용기(應用技)에서 익혀야 하는 것이 뒤에서 습격당했을 때의 백(bag)공격법이다.

먼저 상대에게 체중을 얹고 주저앉으며 팔꿈치로 상대의 팔꿈치를 힘껏 친다. 기가 꺾인 틈에 뒤로 돌고, 네 발걸음이 되어 있는 상대의 목덜미 부분과 혁대를 잡고서 힘껏 끌어당기며 무릎으로 아킬레스건을 꽉 누르면 완벽하다.

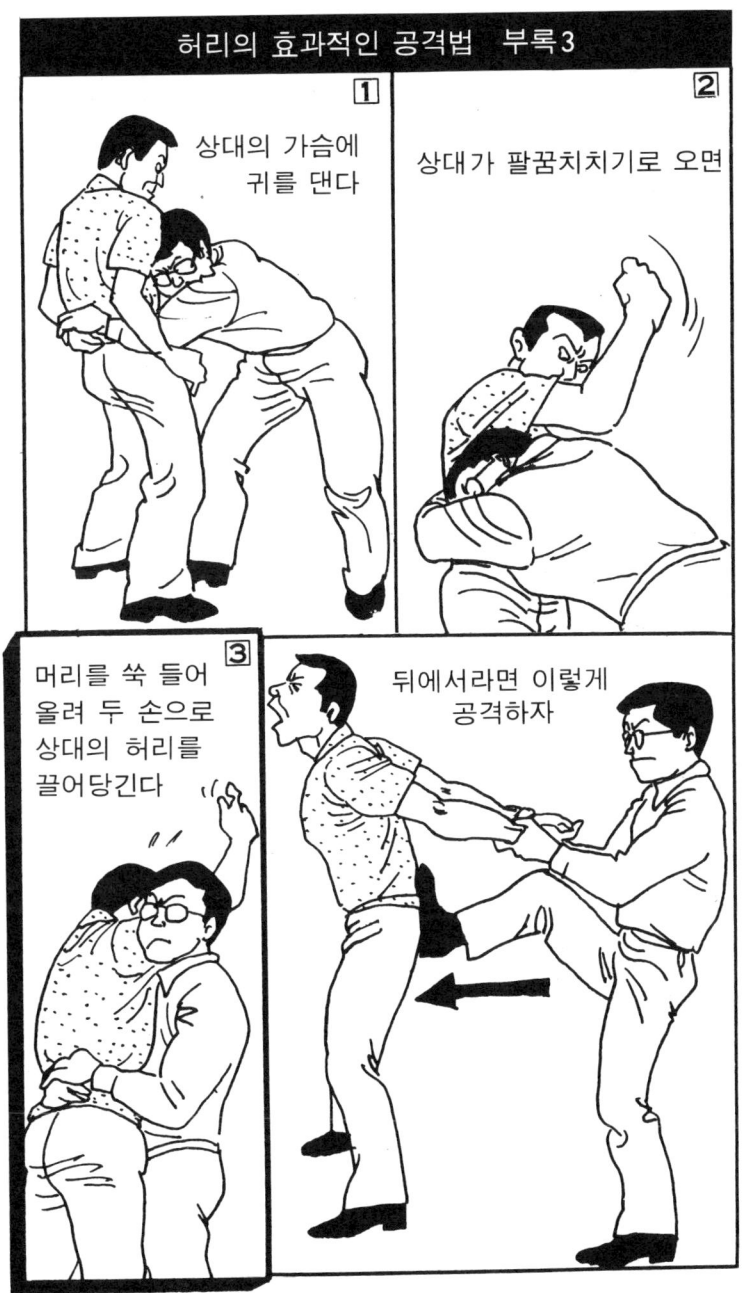

〈부록4 팔〉 완력이 있는 남자의 팔을 간단히 제압할 수 있다

"쫓긴 새가 품안에 날아들면 사냥꾼도 이 새를 쏘지 않는다"는 속담이 있다.

노리고 있는 새라도 품안에 날아들게 되면 정이 가서 죽이지 못하게 되거나, 또는 현실 문제로서 품안에 날아든 새를 쏘기라도 하면 자살 행위가 되고 만다.

이 속담은 자기 방어술에도 그냥 그대로 해당하는 것인데, 여성이 치한에게 습격당했을 때에도 무섭다고 해서 도망치기만 하면 결말이 나지 않으며 오히려 되든 안 되든 상대의 몸을 잡고 늘어지는 쪽이 몸을 지키는 확률도 높다.

잡고 늘어진 뒤의 반격법으로는, 힘이 약한 여성의 경우 오히려 팔을 공격해 주는 모양 쪽이 낫다는 방식은 지극히 단순해서, 상대의 한 팔에 매달리며 잡고 늘어지듯이 하고 모든 체중을 얹혀 주기만 하면 된다.

프로 역도 선수라도 원(圓)운동 등의 역학적 원리를 제대로 응용하고, 게다가 두 손을 이용해서 자기 체중의 배 가까이를 들어올리는 것이 고작이다.

풋나기가, 그것도 한 손으로 들어올릴 수 있는 무게라는 것은 얼마 안 된다. 4, 50킬로의 여성 체중도 지탱하지 못할 것이 뻔하다.

매달리는 요령은 손으로만 매달리는 것이 아니라 가슴으로 상대의 팔 전체를 껴안듯이 하며 매달릴 것.

다음에는 허리가 빠진 듯이 주저앉든지 앞으로 몸을 쓰러지게 하는 모양으로도 덩치 큰 남자의 팔을 완전히 제압할 수 있다.

팔의 효과적인 공격법 부록 4

여성이라도 남자의 어깨를
삐게 할 수 있다

가슴으로
껴안듯이 하고
매달린다

〈부록5 무릎〉 무릎은 뒤에서의 공격으로 싱겁게 무너진다

어린 시절에 이런 장난을 친 경험은 없을까?

멍하니 우뚝 서 있는 친구 뒤로 몰래 다가가서 손으로 친구 무릎의 접히는 부분을 밀어서 나자빠지게 한다…….

이것은 자기 방어술에도 응용할 수 있다.

제대로 상대의 뒤로 돌아갈 수 있으면 발뒤축으로 상대 무릎의 접히는 부분을 힘껏 밀어 주면 된다.

허를 찔린 상대는 앞으로 고꾸라지고 무릎을 다치게 될 것이다. 무릎의 다친 곳이 좋지 않으면 일어서지 못하게 되는 적도 있다.

무릎은 공격을 당하면 약한 급소의 하나인 것이다.

다시 자기의 무릎 부위를 보면 알게 되는 것이지만 무릎 위에는 패어 있는 부분이 각각 두 군데씩 있다. 그곳을 손가락으로 힘껏 꽉 눌러 주는 것만으로도 상당히 아프다.

더구나 그 부분을 손목의 복사뼈로 치거나 발뒤축으로 차기라도 하면 그 충격은 대단한 것이다.

나머지 또 한 곳, 무릎의 바깥쪽 옆 밑 부분에 가다랭이포 같은 모양을 한 근육이 있다.

이 근육은 무릎 관절의 움직임에 큰 관련을 가지게 되는데, 이것도 표적이 된다.

그곳을 치거나 차서 충격을 가하게 되면 상대는 웅크리게 되고 얼마 동안은 움직이지 못하게 된다.

무릎 부위를 공격하는 것은 가장 유효한 자기 방어술이라고 해도 될 것이다.

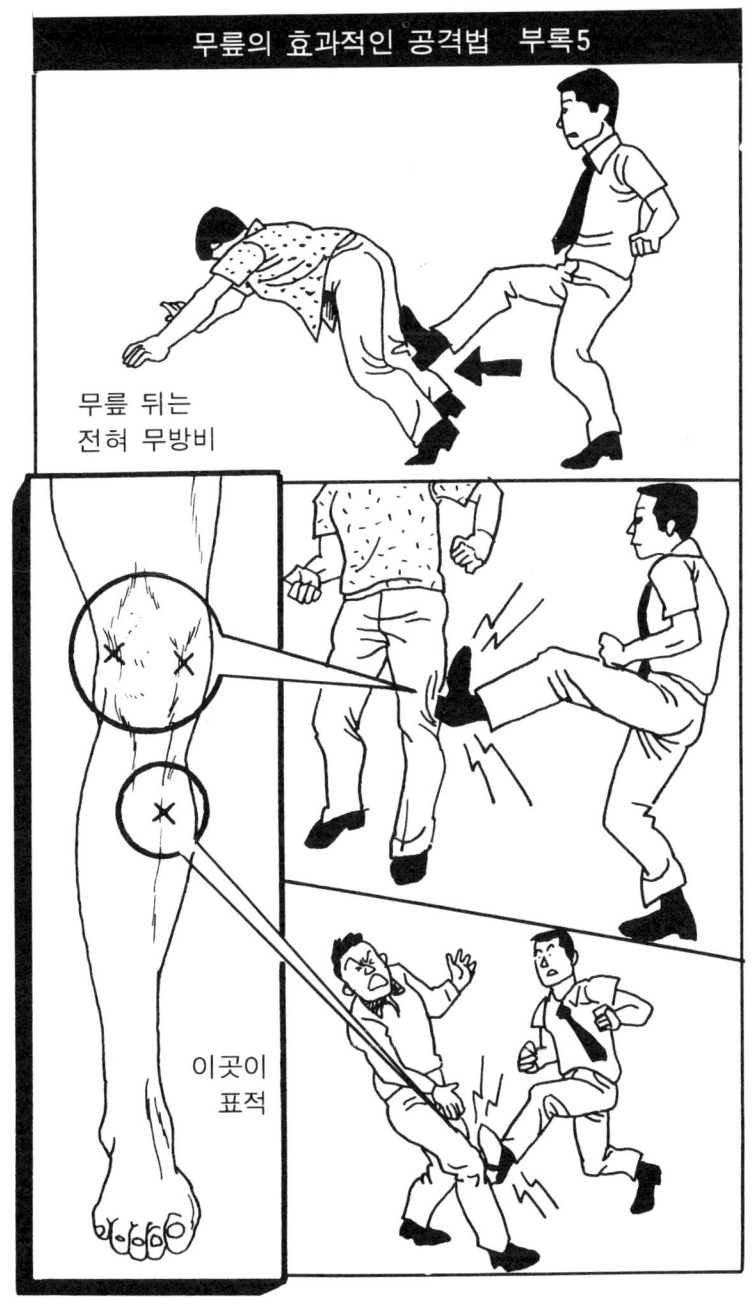

〈부록6 손가락〉 철저한 타격을 주는 것은 관절 중에서도 손가락의 관절이다

  수많은 관절 중에서 가장 허약한 것은 손가락 관절이라고 할 수 있다. 따라서 당신이 몸을 지키려고 할 경우에는 상대의 손가락 관절에 반격을 가하지 않을 수가 없다.
  예를 들면, 상대가 당신의 앞가슴을 잡고「이봐, 깔보는 거야?」하며 위협적인 태도를 취할 때라도 상대의 새끼손가락을 날쌔게 잡을 수 있게 되면 더는 조금도 걱정할 필요가 없다. 그 새끼손가락을 힘껏 젖혀 주는 것만으로 상대는 항복하게 된다.
  단, 젖히는 방법에 요령이 있어야 하는데, 상대 새끼손가락의 죽지를 지렛대의 지렛목으로 삼아 이용하는 것이다.
  이것만으로도 상대의 새끼손가락은 완전히 제압할 수 있다.
  대개의 경우 적은 손가락 관절 같은 것을 공격하리라고는 꿈에도 생각하지 못할 테니 그 손가락 공격 기술은 대단히 유효하다.
  상대의 손가락을 공격해서 항복시키는 것이 아직도 더 있는데, 엄지 이외의 네 손가락을 잡고 같은 요령으로 젖혀 주는 공격법도 효력이 있다.
  그리고 상대가 목을 조르려고 들 때 같으면 상대의 손등에 손을 대고 한 관절 앞을 힘껏 잡을 수 있으면 그것만으로도 상대는 손가락 관절에 격통을 느끼게 된다. 그리고서 그 팔을 앞쪽으로 끌어당겨 어깨로 상대의 팔꿈치에 고통을 주는 것도 좋다.
  뒤에서 껴안았으면 그 낀 손을 두 손으로 꽉 잡고 시계를 보는 것 같은 팔의 움직임을 하는 것만으로도 효과는 충분하다. 이렇게 손가락은 약한 것이다.

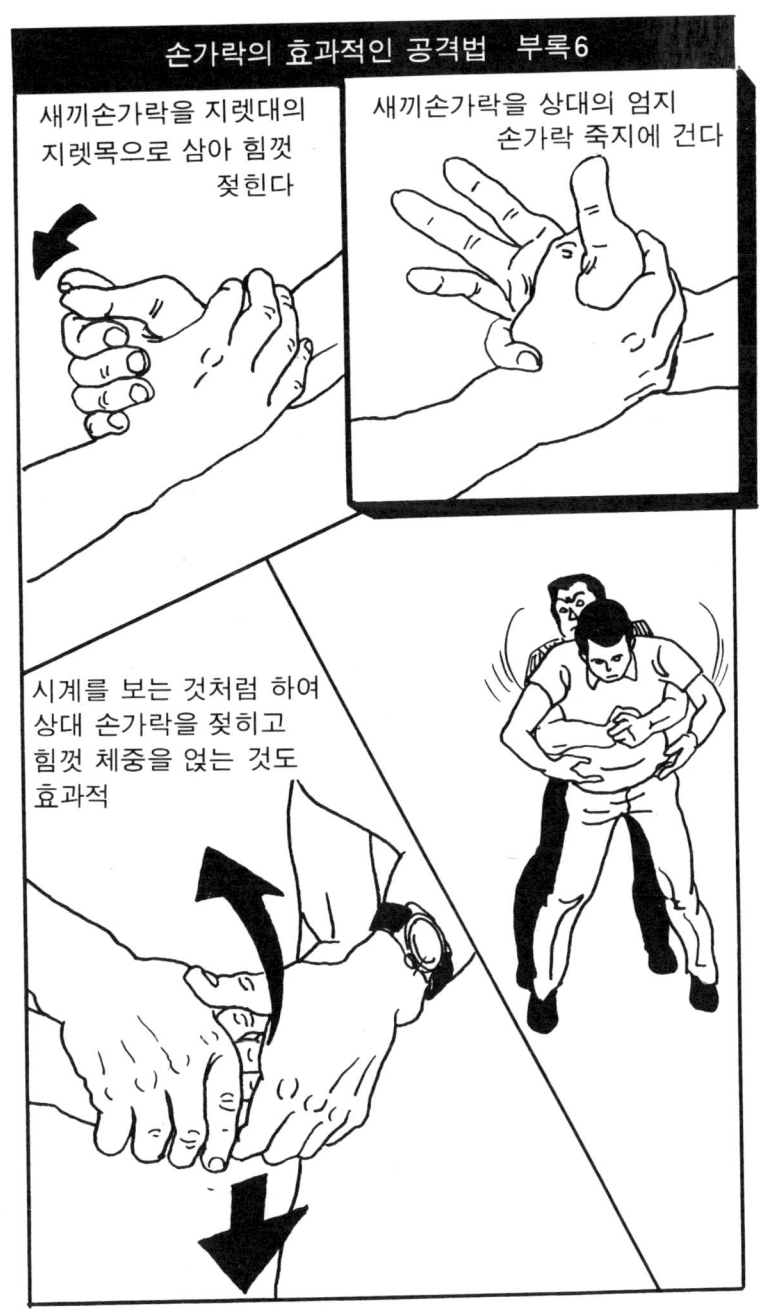

자기 방어술

지은이　Victor M. Koga
엮은이　스포츠書籍 編輯室
펴낸이　南　　　溶
펴낸데　一信書籍出版社
주소 : 121-110 서울 마포구 신수동 177-3
등록 : 1969. 9. 12. NO. 10-70
전화 : 영업부 703-3001~6
　　　 편집부 703-3007~8
　　　 FAX 703-3009
대체구좌 / 012245-31-2133577

ⓒ ILSIN